EL ENTRENAMIENTO DEL NIÑO FUTBOLISTA

Hugo Tassara Olivares

**Editorial de la
Universidad de Costa Rica**

**LIMUSA
NORIEGA EDITORES**
MÉXICO • España • Venezuela • Colombia

EDICIÓN APROBADA POR LA COMISIÓN EDITORIAL DE LA UNIVERSIDAD DE COSTA RICA

PRIMERA EDICIÓN: 1999

© EDITORIAL DE LA UNIVERSIDAD DE COSTA RICA
CIUDAD UNIVERSITARIA "RODRIGO FACIO".
APDO. 75-2060. FAX: 207-5257
E-MAIL: editucr@cariari.vinv.ucr.ac.cr
SAN JOSÉ, COSTA RICA

COORDINACIÓN: SECCIÓN DE PLANIFICACIÓN
REVISIÓN FILOLÓGICA: MARÍA EUGENIA UGALDE
CORRECCIÓN DE PRUEBAS: EUCLIDES HERNÁNDEZ P. Y EL AUTOR
DISEÑO Y DIAGRAMACIÓN: AÍDA ELENA CASCANTE S.
FOTOGRAFÍAS: RODOLFO AGUILAR V.
DISEÑO DE PORTADA: PRISCILA COTO M.
ILUSTRACIONES: FLOR GUTIÉRREZ
CONTROL DE CALIDAD: UNIDAD DE LIBROS
JEFE DE LA EDITORIAL: GILBERT CARAZO G.
DIRECCIÓN EDITORIAL Y
DIFUSIÓN DE LA INVESTIGACIÓN: MARIO MURILLO R.

796.334
T211e   TASSARA OLIVARES, HUGO.
EL ENTRENAMIENTO DEL NIÑO FUTBOLISTA / HUGO TASSARA
OLIVES.- 1. ED. -SAN JOSÉ, C.R.: EDITORIAL DE LA UNIVERSIDAD DE
COSTA RICA, 1998
p.: il.

ISBN 9977-67-518-X

1. FÚTBOL 2. EDUCACIÓN FÍSICA I. TÍTULO

CIP-716 CC/SIBDI,UCR

DERECHOS RESERVADOS:

© 2002, EDITORIAL LIMUSA, S.A. DE C.V.
GRUPO NORIEGA EDITORES
BALDERAS 95, MÉXICO, D.F.
C.P. 06040
☎ (5) 8503-80-50
01(800) 7-06-91-00
📠 (5) 512-29-03
limusa@noriega.com.mx
www.noriega.com.mx

CANIEM NÚM. 121

PRIMERA REIMPRESIÓN
HECHO EN MÉXICO
ISBN 968-18-6369-0

A los niños del mundo que al correr tras una pelota de fútbol, vitalizan sus sueños y esperanzas.

El autor

ÍNDICE

Prólogo 13

Introducción 15

Etapas formales del proceso de aprendizaje 19

       1. Compresión y fijación del ejercicio 19

       2. Retención y repetición 19

       3. Reflejo condicionado 19

       4. Expresión intuitiva del juego 19

       Un ejemplo práctico 20

    Consejos metodológicos importantes 21

       La alegría del entrenamiento 21

       No hay mejor explicación que una buena demostración 22

       Enseñemos de lo fácil a lo difícil 22

       La repetición y la corrección son vitales en el aprendizaje 22

       Antes de entrar en materia 22

Los puestos o posiciones 23

El portero 25

    Características fundamentales que debe poseer 27

       1. Velocidad de reacción 27

       2. Posición y equilibrio 27

       3. Flexibilidad y coordinación 27

       4. Agilidad acrobática 27

       5. Seguridad de manos 27

       6. Potencia de piernas 28

7. Sentido táctico 28

8. Cualidades morales 28

Entrenamiento del portero 28

  Velocidad y reacción 28

    Ejercicios de velocidad y reacción 28

    Ejercicios de velocidad y reacción frente a una pared 32

    Ejercicios de velocidad y reacción frente a las porterías 34

  Posición y equilibrio 37

    Ejercicios de posición y equilibrio 38

  Flexibilidad y coordinación 41

    Ejercicios de flexibilidad y coordinación 42

    Ejercicios de flexibilidad y coordinación con pelota 44

  Síntesis 47

  Agilidad acrobática 48

    Ejercicios de agilidad acrobática 48

    Ejercicios de agilidad acrobática en los tres palos 50

  La seguridad de manos del portero 52

    Ejercicios 53

  Empleo de los puños 55

    Ejercicios 56

  Potencia de piernas 57

    Ejercicios 57

  Síntesis 60

  Sentido táctico 61

    Con respecto al rival 61

    Con respecto al propio equipo 61

Los saques del portero 62

    Saques con la mano 62

    Saques con el pie 63

Robustecer el coraje 64

    Ejercicios 64

Entrenamiento del portero en el marco 65

    Ejercicios 65

Síntesis 69

El líbero 71

Introducción 73

Cualidades específicas del líbero 75

    1. Destrezas 75

    2. Cualidades físicas 76

    3. Madurez táctica 76

Ejercicios 77

    Ejercicios que pueden servirle de calentamiento previo 77

    Ejercicios que sirven para perfeccionar las destrezas del líbero 79

    Ejercicios que sirven para adiestrar la capacidad táctica del líbero . . 84

Síntesis 88

Los zagueros laterales-volantes 89

Introducción 91

Cualidades específicas de los zagueros laterales-volantes . . . 92

    1. Destrezas 92

    2. Cualidades físicas: velocidad, divino tesoro 93

    3. Madurez táctica 93

Ejercicios 94

Algunos ejercicios que pueden servirle a manera de calentamiento . . . 94
Ejercicios que sirven para mejorar las destrezas
de los zagueros laterales-volantes 95
Ejercicios para completar la madurez táctica
de los zagueros laterales-volantes 101
La posición básica 101
La posición básica en movimiento 102
Ejercicios para adiestrar la posición básica 103
Fútbol dirigido 111
Después del partido de práctica 112
El *stopper* 113
Introducción 115
Cualidades dominantes de los *stoppers* .117
1. Técnicas o destrezas más usadas 117
2. Cualidades físicas dominantes 117
3. Madurez táctica 117
Ejercicios para el entrenamiento de los *stoppers* 118
Ejercicios que pueden servirle a manera de calentamiento previo . . .118
Ejercicios que sirven para mejorar las destrezas de los *stoppers* 120
Ejercicios para perfeccionar la madurez táctica de los *stoppers* 122
Fútbol dirigido 125
Aspectos defensivos 125
Aspectos ofensivos 126
Vuelta a la calma 126
Volantes de contención 127
Introducción 129

Cualidades específicas de los volantes de contención 131

    1. Dominantes técnicas 131

    2. Dominantes físicas 131

    3. Madurez táctica 132

Ejercicios 132

    Algunos ejercicios que pueden servirle como calentamiento 132

    Elongaciones 133

    Ejercicios que sirven para mejorar las destrezas
    de los volantes de contención 134

    Ejercicios que sirven para mejorar la madurez táctica
    de los volantes de contención 137

Fútbol dirigido 139

    A los defensas 139

    Para los atacantes 139

Vuelta a la calma 140

Volantes de apoyo 141

Introducción 143

Cualidades específicas de los volantes de apoyo 145

    1. Dominantes técnicas o destrezas 145

    2. Cualidades físicas dominantes 145

    3. Madurez táctica 146

Ejercicios 146

    Algunos ejercicios que pueden servirle de calentamiento 146

    Ejercicios que sirven para mejorar las destrezas
    de los volantes de apoyo 147

Ejercicios que sirven para complementar la madurez táctica
de los volantes de apoyo 151

Fútbol dirigido 154

   En lo defensivo 154

   En lo ofensivo 155

   Vuelta a la calma 155

Invitación 156

Hombres en punta 157

Introducción 159

Cualidades específicas de los hombres en punta 161

   1. Destrezas: dominantes técnicas .161

   2. Cualidades físicas dominantes .161

   3. Madurez táctica 162

   4. Cualidades psicológicas 162

Ejercicios 163

   Algunos ejercicios que pueden servirle a manera
de calentamiento previo 163

   Ejercicios que pueden servirle para perfeccionar las destrezas
de los hombres en punta 165

   Ejercicios que sirven para complementar la madurez táctica
de los hombres en punta 168

Fútbol dirigido 171

   En lo defensivo 171

   En lo ofensivo 171

Vuelta a la calma 172

Palabras finales 173

PRÓLOGO

Cuando asistí al primer curso sobre fútbol que impartió don Hugo Tassara Olivares, yo era sólo un aficionado, pero cuando terminé era un enamorado.

Sí, porque más allá de los conocimientos teóricos y prácticos que obtuve, aprendí que el fútbol es una pasión y que don Hugo Tassara es un apasionado y ama lo que hace, así como sólo hace lo que ama.

Más que un excelente técnico don Hugo es un sabio del fútbol, un hombre que se ha consagrado a la práctica y a la enseñanza de un deporte que hoy entretiene a más de tres mil millones de personas en todo el mundo. Sólo los Juegos Olímpicos, en conjunto, pueden competir con semejante auditorio.

Y estos sabios del fútbol, y de la vida por supuesto, tienen que dejar por escrito su experiencia y sus conocimientos a las futuras generaciones que oirán hablar de ellos como de leyendas, pero que necesitan beber de un libro sus sabias enseñanzas.

En eso, don Hugo ha sido generoso. Este es el octavo libro que sale de la imprenta y pasará raudo, como un veloz puntero, por los anaqueles de las librerías hacia las mesitas de noche de miles de lectores.

Si en otros libros anteriores don Hugo se extendió en la enseñanza del fútbol pensando en el entrenador, el joven y el aficionado, ahora vuelve su vista a un campo fecundo: los niños.

¿Cuántas veces lo ha dicho don Hugo?, que son las escuelas de fútbol en donde radica la base de cualquier poderío en este deporte. Se ha cansado de repetir que la organización empieza desde las bases y que no se puede sostener un árbol sin raíces fuertes.

Se cansó de decirlo y ahora, por dicha, lo escribió. En *El entrenamiento del niño futbolista* don Hugo demuestra sus dotes como técnico, preparador y sobre todo como pedagogo, difícil tarea en un medio como el nuestro que está pleno de improvisaciones y carente de una tradición en ese campo.

Por eso, precisamente, es que don Hugo marcó una revolución en Costa Rica y por donde ha pasado. Siempre está adelante y siempre piensa más allá del corto plazo.

Lo extraordinario, en el campo futbolístico, es la gran cantidad de valores que pululan en las canchas abiertas. Miles de niños se distraen de sus obligaciones escolares corriendo en "bola" tras una pelota de plástico o, en el peor de los casos, tras una hecha de cartón y papeles pegados con cinta engomada.

En la "cascarita" está el terreno propicio para que germine el buen futbolista y para ello se ocupa la mano experta del sabio que oriente esas energías, que modele esas habilidades y que le quite al mármol lo que le sobra, para que la obra de arte luzca y deslumbre a quienes la observan.

Esa es la importancia de este libro, que está escrito para que los padres o guías adultos puedan orientar el trabajo de los niños futbolistas, tanto del simple aficionado como del que quiere integrar un equipo.

En este libro, don Hugo muestra todo el espectro del fútbol, tanto en la técnica como en la preparación física, pero con el objeto de plantear al iniciador el mundo al cual se enfrentará y forjar unas bases sólidas.

Cada niño que lea este libro y lo aplique aprenderá a disfrutar más del fútbol, como aficionado o como profesional, y su vida se enriquecerá al participar de un deporte que requiere de alma, vida y corazón.

Johnny Vargas Durán
Director de Comunicaciones del INS
Periodista. Psicólogo
Entrenador de fútbol

INTRODUCCIÓN

Este libro, siendo para niños, está dirigido básicamente para la gente adulta. Para los padres de familia, entrenadores de equipos infantiles, profesores primarios, etc., vale decir, al muy importante sector de personas que tienen la difícil misión de enseñar los secretos del fútbol a los niños.

Todos los niños del mundo, cualquiera que sea su condición social o el color de su piel, tienen su cabeza llena de sueños futbolísticos; esos que tuvieron los astros que hoy los deleitan en la pantalla chica y en todos los medios de comunicación. La presión e influencia de dichos medios es tan poderosa que en muchos hogares, en la conversación habitual, se desayuna, se almuerza y se cena al compás de la pelota de fútbol. A quién podría extrañar, por lo tanto, que esa tremenda influencia haga volar las alas de su fantasía.

El gran problema es cómo ayudar a los niños. En muchos países no reciben enseñanza de ninguna clase, ni en la escuela, ni en el colegio, ni en el barrio. Tampoco en su hogar. Miles de ellos tienen grandes condiciones, pero al no recibir la orientación adecuada se frustran.

Esa es la razón por la que hemos escrito *El entrenamiento del niño futbolista*, en el cual se destina una gran parte a lo que se refiere a la técnica, entendiendo ésta como el conjunto de destrezas y habilidades que tienen que ver con el control y dominio del esférico. Hay países que tienen una infraestructura tan eficiente que los chicos reciben un entrenamiento deportivo adecuado. En otros no. No faltan aquellos en los que los padres se transforman en profesores técnicos de sus hijos.

Cientos de padres de familia, en diversas latitudes del mundo, nos han manifestado que en alguna u otra forma sus hijos han adquirido ciertas destrezas básicas, pero que no existen libros, folletos o pautas que los orienten en la forma de aplicar esos conocimientos hacia un rendimiento colectivo más amplio. La mayor parte de los niños de hoy conocen el aspecto individual de la técnica, pero ello, como se sabe, no constituye en ninguna forma un método de entrenamiento para perfeccionarse.

Esa es la razón fundamental de este libro, que contempla la nomenclatura del popular deporte tal como lo vemos hoy en la cancha, es decir, con líberos, zagueros laterales-volantes, *stoppers*, volantes de contención y de apoyo, hombres de área, etcétera. Esas denominaciones se escuchan a cada instante en los medios de comunicación, y los niños las expresan en sus conversaciones: ¿De qué juegas tú? De líbero, ¿y tú? De volante de llegada.

Existe hoy una gran confusión con respecto a las ubicaciones y funciones del fútbol. Ello quizá se deba porque entre su antecesor, el sistema 4-3-3 y los actuales, el periodo de transición fue muy breve. Algunas posiciones han evolucionado considerablemente, como la de los zagueros laterales-volantes. Otras, han afianzado su función directriz del bloque defensivo, como la del líbero. Han surgido personajes de gran significación como los *stoppers* y volantes de contención. Queremos enfatizar con esto, que al niño de hoy, lógicamente, hay que entrenarlo y situarlo en las ubicaciones modernas y no en las clásicas.

No queremos decir —y no nos cansaremos de repetirlo— que debamos especializar a un niño en una determinada y exclusiva posición. Lo que importa es darle pautas definidas: "cuando ocupes este puesto, éstas son tus tareas y éste debe ser tu entrenamiento".

Queremos ser muy claros en algunos criterios que esperamos el amigo lector comprenda cabalmente.

Lo primero. Este no es un libro que enseña la técnica del fútbol. Pensamos que a los 12 o 13 años un niño en un ambiente normal debe tener un bagaje muy aceptable de destrezas. Este es un libro para entrenar su técnica.

Lo segundo. Puede parecer un poco artificial el que dediquemos capítulos completos para especializar el entrenamiento de todas las posiciones. Hubiese sido más fácil y más cómodo ofrecer esquemas para los diferentes bloques que componen un equipo: para los defensas netos, para los centrocampistas y para los hombres de la ofensiva. No obstante, hemos preferido clasificar el tipo de entrenamiento específico para cada posición moderna.

Es evidente que hay normas comunes para los integrantes de un mismo bloque, pero también hay normas exclusivas y características. Por ejemplo, el denominador común de todos los participantes en el bloque defensivo es la velocidad. Hemos señalado reiteradamente que no es posible concebir un defensa lento porque sería regalar una ventaja al adversario. De acuerdo con ello, ofrecemos una enorme variedad de ejercicios tanto para los zagueros laterales como para los *stoppers*, pero a cada uno le damos la intención y el papel que les corresponde específicamente en un partido. Al *stopper* mucha velocidad de reacción y de marca. Al zaguero lateral-volante, velocidad de desplazamientos, de pases, de rechazos, etcétera.

La enseñanza del fútbol es un todo que no puede dividirse en parcelas. Ejercicios para algunas posiciones habrán de servir obviamente para otras. En el saber elegir estará la disyuntiva y análisis de cada entrenador. Estamos satisfechos al ofrecerles un enorme almacén, una gran bodega de conceptos, ideas, movimientos, juegos, ejercicios, jugadas.

Elegir corresponderá al sentido común de cada cual.

Al escribir este libro, hemos cumplido con una tarea singular y necesaria. Al amable lector, le corresponde hacer el resto.

El autor

ETAPAS FORMALES DEL PROCESO DE APRENDIZAJE

Solo nos referimos muy brevemente a cada una de ellas, pero, estarán presentes en cada una de las lecciones que ofrecemos.

I. Comprensión y fijación del ejercicio

Si se respetan algunas normas simples, como el de ofrecer a los alumnos una buena demostración y graduar convenientemente la intensidad y dificultad de cada ejercicio, de seguro captarán su objetivo y lo fijarán en la mente, como conocimiento.

II. Retención y repetición

Nadie puede pensar que basta una lección, por buena que haya sido, para fijar como conocimiento un determinado tema. Se retiene mejor, cuando el mismo tema es presentado en diferentes formas. La variabilidad a través de repeticiones inteligentes ayuda eficientemente al proceso de aprendizaje.

III. Reflejo condicionado

Las repeticiones, cuando tienen fundamento pedagógico, transforman un ejercicio en un hábito-motor, es decir, en la automatización. Una destreza positivamente automatizada adquiere todas las características de un reflejo condicionado, lo que significa, que se ejecuta coordinadamente con tanta velocidad ante un determinado estímulo, que no requiere del mandato nervioso que nace en la corteza cerebral.

IV. Expresión intuitiva del juego

Es el grado máximo de perfeccionamiento al que puede llegar un ejercicio metodológicamente aprendido. Son resoluciones instantáneas en las que el discernimiento no alcanza a intervenir. Significa elegir del almacén de vivencias técnicas y tácticas, las respuestas más adecuadas y apropiadas, según sea la naturaleza del estímulo.

Un ejemplo práctico

Para una mejor comprensión del tema, analizaremos las etapas formales señaladas, a través de la enseñanza del juego de cabeza.

Cuando iniciamos en los chicos el aprendizaje del juego o golpe de cabeza, enfatizamos en algunos puntos vitales, como la coordinación del golpe. Les demostramos lo que significa llevar el tronco lo más atrás posible e ir después al encuentro del balón. No esperar que la pelota lo busque a uno, porque a la velocidad que ella trae debemos oponerle la velocidad de nuestro golpe con la frente. Agregamos que nuestros ojos deben estar muy abiertos siempre. Se lo demostramos muchas veces, antes de que ellos empiecen a ejecutarlo por parejas, con una pelota suave, de goma, de plástico, de cuero del No. 3, pero un poco desinflada. Si le enseñamos con balones del No. 5 duros o inflados, el aspecto sicológico del temor a golpearse puede tener más preponderancia que nuestra base pedagógica.

Frente a un compañero y utilizando las manos repiten decenas de veces la dinámica del golpe. Como variantes, uno de ellos actúa como portero y el otro trata de marcarle goles de cabeza o pueden utilizar una pared para ejecutar el tema individualmente. El profesor les pide que traten de practicar en el patio de sus casas. Esta sería la fase inicial de comprensión y fijación del ejercicio.

En lecciones posteriores, cuando las ejercitaciones de la coordinación columna-cuello permitan un verdadero progreso, la repetimos, por parejas, des-de diversas posiciones y situaciones:

- hincado en una rodilla,
- hincado en las dos,
- desde la posición sentado, primero con las piernas abiertas y luego juntas,
- boca abajo,
- de espaldas, levantándose a buscar la pelota,
- en movimiento, caminando hacia adelante, con un pie adelante,
- lo mismo, con los pies paralelos,
- al trote,
- devolviendo la pelota con un salto (le explicamos que primero debe conseguir con su salto, el máximo de altura, y que solo entonces debe lanzar su tronco atrás, e ir en busca del implemento).

Como puede apreciarse, esta sería la fase de retención del tema, lograda a base de repeticiones.

Cuando los alumnos, después de muchas lecciones, dominen la técnica del golpe de cabeza de frente, le enseñamos el golpe lateral, que seguramente adquirirán sin problemas, si todo el proceso anterior ha sido adecuado. Para que el estudiante aplique muchas veces la técnica que está dominando, lo hacemos jugar en una cancha pequeña con porteros. Compiten dos equipos formados por tres jugadores cada uno. A la manera del baloncesto se hacen pases con las manos, pero los goles deben convertirlos con la cabeza. Ya estamos en la fase de los reflejos condicionados.

La última etapa, la de la expresión intuitiva, se identifica con el mismo partido de fútbol ¿Cuánto tiempo puede transcurrir, entre la primera y la última? Depende de muchos factores, porque el proceso aprendizaje no se rige por leyes mecánicas. Lo primero, es la calidad natural del alumno. Luego la calidad y capacidad del educador, que es su entrenador. Ligando a ambos, está el método de entrenamiento. Un buen entrenador y un adecuado método, hacen milagros.

Los pedagogos de la FIFA siempre eficientes y prácticos nos proporcionan excelentes criterios cuando hablan y escriben de las secciones del procedimiento de aprendizaje y se refieren a:

- Ejercicios de introducción.
- Ejercicios avanzados.
- Ejercicios de competición.

Recomendamos respetuosamente su estudio y análisis.

CONSEJOS METODOLÓGICOS IMPORTANTES

La alegría en el entrenamiento

Muchas veces, nuestros alumnos vienen de hogares gravemente trizados en los que reciben maltratos o simplemente indiferencia. En ellos, todo es regaño, sanciones e incomprensiones. Para muchos chicos, la única válvula de

escape hacia un mundo de felicidad la constituye la cita con una pelota de fútbol en el entrenamiento de su equipo de barrio. Si en las prácticas, lo espera un entrenador áspero y duro, amigo de regañar y gritar, verá en ellas solo una prolongación de su hogar. Sin tener ya hacia

cia donde evadirse, su trauma puede tener peligrosas consecuencias.

Los entrenamientos deben ser amenos, variados, alegres, dentro de un marco de disciplina cordial. "Goza, ríe, libera tus presiones, pero respétame a mi tanto como a tus compañeros". El entrenador, que no sepa comunicarse con sus alumnos a través de una corriente de simpatía y jovialidad, simplemente, no tiene derecho a enseñar.

No hay mejor explicación que una buena demostración

La receta es vieja, mas, su validez es permanente.

Muchas veces un entrenador quiere lucirse ante sus pupilos con explicaciones largas y tediosas. Es un grave error. Que la explicación sea breve, y que sea la pelota, la que se luzca en razón de una buena demostración. Si nosotros, por alguna razón, no estamos en situación de ofrecerla, ayudémonos de un auxiliar previamente preparado, que puede ser uno de nuestros propios alumnos.

Enseñemos de lo más fácil a lo más difícil

No podemos armar una frase, si primero no sabemos componer palabras. Ni los niños ni los jugadores adultos pueden expresar conceptos tácticos, si primero no dominan las destrezas del fútbol. No se puede enseñar la movilidad del fútbol, si nuestros alumnos no dominan la técnica del buen pase. Así es todo, en el proceso educativo llamado fútbol. En cada ejercicio hay que empezar por lo más fácil para luego ir subiendo la escala de dificultades. Esto es lo que se llama gradación o graduación.

La repetición y la corrección son vitales en el aprendizaje

Gran parte del proceso aprendizaje se afirma en la repetición, pero, ésta tiene poca validez, si el ejercicio que se está aprendiendo muestra defectos. Será una enseñanza negativa y estéril. Repetición y corrección van de la mano, en busca de la perfección. Incluso en la corrección debemos mostrar sentido pedagógico. Un regaño que humilla a un niño, no consigue el propósito de corregir. Más bien produce retroceso.

Antes de entrar en materia

Las lecciones de entrenamiento que ofrecemos en este libro pueden ser utilizadas por niños de 12 años hacia arriba o por superdotados de menor edad. Reiteramos que deben tener un bagaje aceptable en su técnica. Deben saber controlar una pelota, entregarla adecuadamente. Deben saber emplear el juego de cabeza tanto como aplicar las fintas y dribles. Este no es un tratado de enseñanza de las destrezas. Es un libro para entrenar y perfeccionar al niño que ya juega fútbol aceptablemente. Ese es el instante de disciplinarlo futbolísticamente, de orientarlo hacia la elección de una determinada posición, después de haberlo hecho jugar en tantas como sea posible.

Hechas estas aclaraciones, entremos en materia.

LOS PUESTOS
O POSICIONES

EL PORTERO

CARACTERÍSTICAS FUNDAMENTALES QUE DEBE POSEER

1. Velocidad de reacción

Es su cualidad más determinante. Sin ella, no es posible alcanzar un alto nivel. En términos generales, significa reaccionar en fracciones de segundos ante las más imprevistas situaciones. Se nace con esta cualidad. Por bueno que sea el entrenamiento, no es posible formarla.

2. Equilibrio y posición

Son aspectos que se relacionan con la actitud de espera del avance rival y la disposición del cuerpo para intervenir. Son cualidades perfectamente educables.

3. Flexibilidad y coordinación

La flexibilidad depende de la elasticidad, es decir la capacidad de máxima extensión de los músculos, y de los ligamentos y tendones que rodean esos músculos a nivel de las articulaciones. La flexibilidad es la compuerta de la coordinación, o sea, la facultad de utilizar conjuntamente las propiedades de los sistemas nervioso y muscular, para lograr una acción equilibrada en el tiempo y en la distancia.

4. Agilidad acrobática

La agilidad se relaciona con los frecuentes cambios de frente y de planos, que sorpresivamente debe afrontar un portero. Decimos agilidad acrobática porque eso debe ser precisamente el especialista de los tres palos: un acróbata completo.

5. Seguridad de manos

En la seguridad de manos se complementan dos aspectos básicos: la buena técnica de apañe del esférico y la potencia de los músculos del tren superior: hombro, brazo, antebrazo y manos con sus respectivos dedos.

6. Potencia de piernas

Los porteros necesitan desarrollar un poderoso tren inferior, que les permita un salto potente y eficaz, puesto que todas las situaciones de peligro se producen en su área. No le basta el privilegio que le concede el reglamento al poder utilizar sus manos. Debe complementarlo con el elemento impulsor que es el salto.

7. Sentido táctico

Por su ubicación en el campo de juego, debe ser capaz de visualizar mejor que nadie las evoluciones tácticas que realizan los adversarios y las respuestas de sus propios compañeros. Este análisis debe convertirlo en el auténtico director de su defensa, tarea que debe desempeñar con personalidad y aplomo. No se concibe hoy, un portero mudo, que no grite y oriente.

8. Cualidades morales

Tiene muchas facetas. Una de ellas es su capacidad para sobreponerse a cualquier error. Otra es su equilibrio psíquico que le permite mantenerse sereno, en los momentos de apremio. Otra tiene que ver con su valentía. También corresponde a este rubro su grado de concentración mental en el partido que está jugando. Puede caerse el estadio a pedazos; sin embargo, no puede quitar la atención a la pelota, a los rivales y a sus compañeros. Concentración total es un aspecto vitalísimo de los porteros.

ENTRENAMIENTO DEL PORTERO

Velocidad de reacción

Ejercicios de velocidad y reacción

1. El portero camina al lado del entrenador que lleva una pelota en cada mano. Sorpresivamente deja caer una de ellas al suelo. El portero debe evitar que el esférico, de un segundo bote o pique en el suelo. El entrenador –"E"– le da variedad a su trabajo, deteniéndose, cambiando de frente, retrocediendo, etc.

No. 1

2. El portero está sentado frente a su "E", el cual tiene una pelota en sus manos. De pronto, éste lanza el implemento, por encima de su pupilo, el cual debe levantarse rápidamente y lanzarse sobre él, para impedir que de un segundo rebote en el suelo.

3. Una pareja. Cada jugador tiene una pelota en sus manos. Intercambian balones tan rápidamente como puedan, lanzándolos arriba, abajo, media altura, rodando, etc. Generalmente en este juego, uno de los porteros actúa como entrenador y toma el papel de poner en función a su compañero, mientras éste, realiza la acción requerida, devuelve la pelota a sus manos. Alternan las tareas.

4. Tres jugadores. El portero en el centro. Recibe el balón de un compañero e inmediatamente gira a recoger el otro.

5. El mismo juego anterior tiene una variante: un compañero le envía una pelota alta y el otro, a ras de piso.

6. En otra modalidad similar, el portero rechaza con un salto, todos los envíos de sus compañeros, empleando las palmas de sus manos.

7. La voltereta, rollo o vuelta de carnero es un movimiento esencial para una serie de juegos complementarios. Al enseñar el rollo, a nuestros alumnos, debemos repetirle e insistirle muchas veces, que al dar la vuelta, el apoyo debe ser en las manos y no en la cabeza. Debemos demostrarle convenientemente, que al caer en el piso, el movimiento se amortigua con los hombros, nunca con la cabeza.

8. El mismo juego anterior, pero, ejecutar el rollo con una pelota aprisionada entre las manos.

9. Después del rollo, el "E" lanza una pelota al lado izquierdo del portero para que la desvíe, e inmediatamente otra al lado derecho, para que caiga aprisionándola contra el césped.

No. 7

No. 8

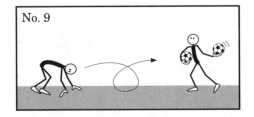

No. 9

10. El mismo juego anterior, pero el "E" hace tres lanzamientos sucesivos: dos a los costados con las manos, y el otro con el pie, que puede ser raso o a media altura.

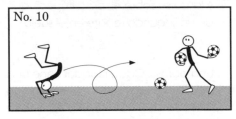

No. 10

11. Sobre la base de la acción anterior, el portero hace un rollo y recibe dos balones. Repite el rollo hacia adelante, y el "E", esta vez con el pie, le remata dos esféricos más que tenía listos sobre el césped. No está de

No. 11

más recordar, que hay que darle al ejecutante las pausas que sean necesarias, para recuperarse después de cada acción.

12. El portero realiza un rollo hacia adelante y el "E" le lanza dos pelotas con la mano. Después del último esfuerzo, hace un rollo hacia atrás, donde espera que el "E" remate con el pie, tres balones previamente dispuestos.

13. El portero, en decúbito dorsal, (tendido de espaldas sobre el césped), con sus piernas separadas. Lanza hacia arriba la pelota que tiene en sus manos y se sienta rápidamente para cogerla.

14. El mismo movimiento anterior. El portero lanza el balón hacia arriba, se sienta y lo recoge. Cuando lo tiene, lo lanza al "E", quien lo envía por encima de su cabeza. El portero, se

No. 12

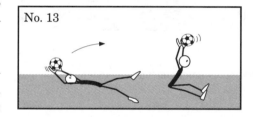
No. 13

No. 14

lanza hacia atrás y desvía su trayectoria con la palma de su mano.

15. El portero tendido de espaldas en el suelo con los pies juntos. El "E" frente a él, con una pelota en sus manos. Cada vez que el "E" se la envía a sus manos, la devuelve con un golpe, y hace un giro sobre sí mismo en el suelo a máxima velocidad. El "E" da la orden de los giros: ¡derecha!, ¡izquierda!, etc.

No. 15

16. Por parejas. Un jugador en semiflexión de piernas, apoyando sus manos en las rodillas. El compañero que está atrás, lo salta a pies juntos apoyando sus manos en su espalda, y al caer pasa por debajo de sus piernas.

Después de cinco saltos, alternan funciones.

17. Una variante de este juego, consiste en que después de cada salto, el jugador hace un rollo y el "E" le lanza dos pelotas, después de lo cual, retrocede y pasa por debajo de las piernas del compañero que saltó. Repite tres veces la acción.

No. 16

No. 17

Ejercicios de velocidad y reacción frente a una pared

18. El portero de pie, con una pelota en sus manos, a dos metros de una pared. La lanza contra ella, gira sobre sí mismo, dando una vuelta completa y la recoge. Al principio, bastará con que la toque. Más adelante, deberá apañarla.

19. El mismo ejercicio, a una distancia de tres o cuatro metros, puede ser ejecutado con el pie.

No. 19

No. 18

20. El portero de pie, con una pelota en cada mano. Lanza la primera y cuando la pared se la devuelve, hace lo mismo con la otra. Es una buena acción de reacción y de coordinación.

21. El portero sentado a dos o tres metros frente a la pared. Detrás de él, el "E" dispone de cuatro o cinco pelotas, que irá lanzando de una en una, con diversas potencias, para que las atrape aprisionándolas contra el piso. Hemos venido insistiendo, en esta técnica de apañe contra el suelo, por considerarla, de gran importancia en la seguridad de posesionarse del implemento.

22. El portero mantiene su posición sentado frente a la pared con las piernas separadas, a dos o tres metros de ella. El "E" ejecuta la misma maniobra anterior, utilizando ahora los pies. Como la potencia de la bola es mayor se aleja un poco hacia atrás.

23. La misma posición anterior. Detrás del portero, un entrenador y un auxiliar lanzan ordenadamente, una vez cada uno, balones a su lado izquier-do o derecho, para que el arquero simplemente desvíe su curso con la palma de sus manos o con el puño cerrado.

24. Todos los ejercicios que hemos señalado anteriormente, se repiten cuando el portero espera los envíos desde la posición de pie. Como tiene más libertad de movimientos, las exigencias deben ser mayores.

33

Ejercicios de velocidad y reacción frente a las porterías

25. Frente a una portería improvisada formada por dos estacas o conitos se ubican dos jugadores, uno a cada lado, cada quien con una pelota. El portero ataja a uno de ellos y gira de inmediato para atajar al otro. Sobre este juego, sugerimos la siguiente gradación:

   a) Los dos rematadores lanzan bolas rasas.

   b) Los dos lanzan balones altos ayudándose con las manos, que son rechazados con un salto y con golpe de manos, para darle más velocidad a la maniobra.

   c) Uno lanza un balón arriba, el otro, lo lanza a ras del suelo.

   d) Cada jugador remata de cada lado, dos pelotas seguidas, tratando de colocarlas con el pie, juntos a las estacas.

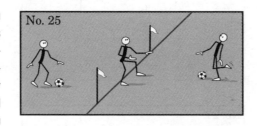

No. 25

26. El portero, se coloca en el medio del marco. Remata el compañero de un lado, le ataja y devuelve el esférico, corre por detrás de cualquiera de las estacas para enfrentar al otro compañero. Repite la acción cinco o seis veces y descansa.

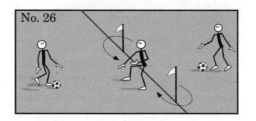

No. 26

27. Frente a un marco reglamentario. El portero arrollidado desvía con un puño o con la palma de una mano, los balones que el "E" hace picar contra el suelo, frente a él. Un auxiliar le va entregando de uno en uno, ocho o diez, de manera que el ejercicio no pierda continuidad.

No. 27

28. El portero se ubica bajo los tres palos. A una orden del "E", corre a tocar un esférico colocado a unos tres metros del marco. Al empezar a retroceder, el "E" le envía una pelota alta que debe desviar por encima del travesaño. Vuelve a su posición inicial y repite cinco o seis veces.

29. Dos jugadores, a cada lado del marco, hacen pases con las manos al compañero que está en el centro, el cual remata de cabeza, tratando de colocar el esférico, lejos del alcance del portero para que reaccione.

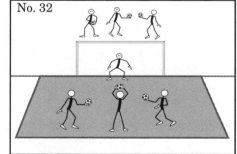

30. El portero en el centro del marco. A una señal del "E" corre a tocar un vertical. Al retroceder, le lanza una pelota al sitio contrario. O al mismo lado del vertical que tocó para obligarlo a reaccionar.

31. Varios jugadores se hacen pases de cabeza frente al marco. Cualquiera de ellos en cualquier momento remata. No hay jugadores previamente designados, sino de acuerdo con las circunstancias y sus iniciativas. Los remates deben ser variados: picando el piso, arriba o a media altura.

32. El portero en el marco. Tres compañeros a cada lado, cada uno con una pelota en sus manos. El "E" y sus auxiliares hacen pasar el esférico por encima del travesaño. Solo en ese instante, el portero se da media vuelta, para atajar el remate que le envía el jugador designado previa-

mente. Por ejemplo, el "E" indica ¡Juan!, cuando la pelota va en el aire. Una variante de este ejercicio consiste en que los que están frente a la portería dirigen los balones con la mano y los que están atrás rematan simplemente con el pie.

33. En el marco, el portero ataja una seguidilla de balones, cuyo orden desconoce, y que el "E" establece con anterioridad. Solo cuando el portero haya atajado o rechazado un remate, debe enviársele el siguiente. Se contabilizan los goles convertidos en cada serie, para aumentar el interés en el juego.

Les hemos ofrecido, hasta este instante, más de treinta maniobras dedicadas a perfeccionar la velocidad de reacción del portero, que para nosotros constituye su arma básica.

Al terminar la serie, el niño comprenderá cabalmente si tiene, condiciones de portero. Si las tiene, encontrará en las próximas páginas ejercicios para perfeccionar otras cualidades de su posición. Si no las tiene, tiene un amplio camino por delan-

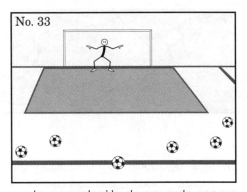

No. 33

te, para elegirla de acuerdo con sus características naturales. El "E" será su mejor orientador.

Posición y equilibrio

Cuando se analiza la "posición de espera" del portero, se obtienen algunas conclusiones interesantes:

a) Si los grandes, experimentados y famosos porteros de todo el mundo, hacen un punto de referencia para orientarse, justo en la mitad del marco, con mayor razón deberán hacerla los niños que han elegido esa posición. Por ningún motivo deberán excavar el campo de juego ni hacer hoyos, porque eso significa deteriorar la cancha. Un buen punto de referencia puede ser un trozo de cuerda, un pedazo de tela u otro objeto, situado tres metros delante de su portería.

b) La posición de espera del portero dependerá siempre de lo lejos que esté la pelota de los tres palos. Si la acción se está desarrollando en la mitad de la cancha adversaria, porque su equipo está dominando, debe aprovechar el momento para relajarse muscularmente, hacer ejercicios de soltura de brazos y piernas y normalizar su respiración. Esto no significa que un guardián de los tres palos pueda perder su total concentración durante todo el partido. El niño portero debe olvidarse que en la tribuna están su padre con una cámara filmadora y su hermanita menor que quiere regalarle la mejor de sus sonrisas. Concentración es la acción clave, en todo instante, desde que el árbitro hace sonar su silbato.

Cuando el peligro se acerca, aunque sepa que no va a intervenir de inmediato, el portero debe adoptar una posición de cautela; los pies deben estar ligeramente separados, las rodillas se doblan un poco, y los brazos que es-

taban en situación de descanso, se recogen un poco. El tronco se inclina levemente hacia adelante. Es una posición de cautela pero de total equilibrio. En el instante que antecede a la intervención, la posición del portero es diferente. Baja un poco su centro de gravedad, doblando un poco más rodi-

llas. Separa un poco más los pies, para tener una mejor base de sostén y procura mantenerlos paralelos. Al tener dobladas sus piernas está ganando vitales fracciones de segundos en su intervención, puesto que si las tuviera totalmente extendidas, al iniciar cualquier impulso, tendría forzosamente que doblarlas. Hay porteros que en la posición previa a su intervención apoyan sus manos sobre las rodillas. Es preferible que las manos estén absolutamente libres.

Antes de entrar a la exposición de los ejercicios, digamos, que la posición de espera, que es de gran expectativa, contracción y tensión depende del perfecto equilibrio del cuerpo. No funciona una postura sin la otra.

Ejercicios de posición y equilibrio

1. Caminar sobre una banca angosta y desde ella, saltar hacia adelante, cayendo en posición correcta de espera. La caída desde la banca, también puede ejecutarse cayendo en flexión de piernas y en la punta de los pies, y adoptando de inmediato la actitud de espera.

2. Mantener una pelota, en equilibrio sobre la frente, que primero debe ser de plástico y luego de cuero.

3. Mantener una pelota sobre la nuca o parte posterior del cuello. Con ella dominada imitar la posición de espera.

4. Desde la posición de pie, muy lentamente extender el tronco hacia atrás, primero con los pies un poco separados y finalmente con los pies juntos.

5. Después de una voltereta o rollo, buscar el equilibrio en el menor tiempo posible.

6. Desde una banca, saltar hacia atrás cayendo con los pies juntos y adoptando de inmediato la posición requerida.

7. El mismo ejercicio anterior. Apenas el portero cae al piso, con un nuevo salto cambia de frente, para recibir un remate suave del "E". Podemos apreciar que en este movimiento perfeccionamos varias situaciones: primero el salto hacia el suelo, luego un nuevo salto para cambiar de frente, y finalmente una acción de velocidad y reacción.

8. Una interesante innovación es aquella en que pedimos al portero, que cambie de frente directamente en el aire, es decir cuando está descendiendo. Esto equivale a decir que debe hacer un giro en el aire, para caer en situación de equilibrio, y finalmente, recibir un remate suave que le hace su "E".

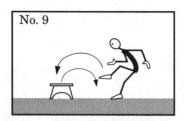

No. 9

No. 10

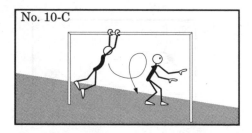

No. 10-C

9. En otro grado de dificultad, hacemos que el jugador salte primero del piso al banco, y de inmediato del banco al piso, ya sea sin cambiar de frente, o cambiando de frente, con un giro en el aire. La iniciativa del "E" puede obrar milagros con esta modalidad.

10. Saltar desde el suelo al travesaño de un marco o sobre una barra. Una vez que esté colgando o suspendido con ambas manos, oscilar el cuerpo hacia adelante y hacia atrás. Sobre la base de este ejercicio, podemos añadir algunas variantes:

   a) después de tres o cuatro oscilaciones dar un fuerte impulso hacia adelante, y caer al piso con equilibrio,

   b) después de las oscilaciones saltar hacia atrás,

   c) después de las oscilaciones impulsarse hacia adelante, y en el aire, hacer un giro hacia atrás, cayendo en equilibrio.

11. El portero se sitúa frente a una pelota que debe estar a un metro de distancia delante suyo. Desplazándose lateralmente con saltos suaves y coordinados como lo hacen los especialistas de esa posición, da la vuelta completa en torno a la pelota y vuelve a su sitio, ejecutando el mismo movimiento lateral. Repite el ejercicio cinco o seis veces. Empieza por su lado derecho y lo repite por su izquierdo. Los desplazamientos deben ser tan bien coordinados, que casi siempre uno

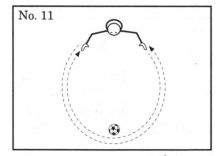

No. 11

de sus pies debe estar rozando el suelo. Si mirásemos desde arriba las evoluciones serían las que muestra justamente la figura 11.

12. El portero se ubica en el centro de dos pelotas que están separadas por tres metros. Se desplaza lateralmente hacia un lado y salta el esférico de lado impulsándose con una sola pierna. Luego, inicia el desplazamiento hacia la otra pelota y repite la maniobra. El correcto desplazamiento del portero, en posición de espera y de equilibrio, favorece cualquier maniobra en la que deba intervenir bruscamente.

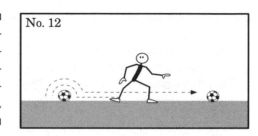

No. 12

Flexibilidad y coordinación

La flexibilidad depende de la elasticidad, que es la facultad de máxima extensión de un músculo y de los ligamentos que éste pone en acción al intervenir. "En general se define a la flexibilidad como la facultad para mover los segmentos óseos que forman las articulaciones. Elasticidad y flexibilidad son dos elementos de un mismo componente: una articulación es flexible, si los músculos, tendones y ligamentos encargados de moverla son elásticos." (A. Pila Teleña)

Cuando en razón de la elasticidad y flexibilidad, se produce una perfecta armonía entre las acciones técnicas del cuerpo, hablamos de la coordinación.

El portero necesita de la coordinación de movimientos para ejecutar una eficiente actividad motriz. Requiere de una perfecta regulación desde el sistema nervioso central en los momentos en que debe intervenir una parte determinada de su musculatura. En el caso específico del portero, todas sus intervenciones requieren de coordinación y flexibilidad en grado máximo, de una sincronización perfecta, porque ellas son, generalmente instantáneas, circunstanciales, imprevisibles.

Ejercicios de flexibilidad y coordinación

1. Sentado a la manera hindú, con las rodillas separadas se juntan las plantas de los pies. Presionar suave y gradualmente las rodillas hacia abajo.

2. Masaje a la columna. El jugador se sienta en el suelo, lleva fuertemente las rodillas contra su pecho y las aprisiona con ambos brazos. Desde esa posición, hace un verdadero balance, dejándose caer de espaldas aprovechando el impulso para volverse a sentar. Repetirlo sin pausas, coordinadamente, ocho o diez veces.

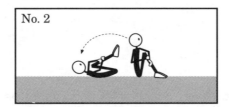

3. Sentado en el piso, con las piernas separadas y dobladas. Tomarse fuertemente los tobillos y llevar el tronco hacia adelante tanto como sea posible, ejecutando repetidas oscilaciones.

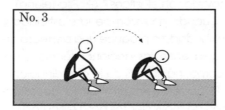

4. Desde la posición de caída facial, avanzar con los pies dando pequeños pasos, hasta formar un verdadero arco. Avanzan los pies. Las manos permanecen en su sitio. Al final las piernas quedan extendidas, gracias a una flexión intensa y profunda del tronco.

5. Frente a una pared, el portero está tendido con las piernas apoyadas en ella. Apoyándose en los

42

antebrazos, eleva el tronco lo más posible. En una etapa más avanzada, eleva el tronco, apoyándose en las manos, mientras se separan los brazos.

6. De pie, con las piernas separadas desplace una pelota, dibujando un número ocho imaginario, entre las piernas.

7. Subido en una pequeña banca, con flexiones del tronco, coger la pelota desde el suelo y subirla a la banca. Luego volverla a su sitio.

8. El portero sentado. Se toma con ambas manos un tobillo y luego extiende esa pierna arriba y al frente.

9. El ejercicio anterior, con la variante de ahora, se toman ambos tobillos y se extienden ambas piernas arriba y al frente.

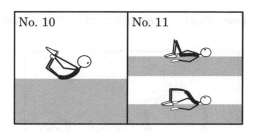

10. En la posición en decúbito facial, tomarse ambos tobillos y hacer una regresión total del tronco.

11. En la posición de espaldas, recoger las piernas hasta doblarlas totalmente. Luego realizar una extensión del tronco, levantando la cadera todo lo posible y también los talones.

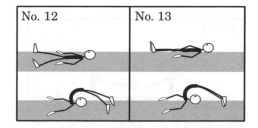

12. En la posición de espalda con las piernas separadas. Elevarlas por encima de la cabeza, hasta tocar el suelo, con la punta de los pies.

13. El mismo ejercicio, realizarlo con los pies juntos.

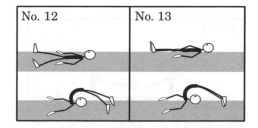

Ejercicios de flexibilidad y coordinación con pelota

No. 14

No. 15

No. 16

14. Parejas separadas por un metro, dándose las espaldas. Las piernas están separadas. Se entregan la pelota por encima de la cabeza con los brazos extendidos y la reciben por debajo de las piernas.

15. El mismo ejercicio, pero la pelota se entrega con una torción del tronco. Lógicamente, un jugador –el que tiene el implemento– hace la torción, por ejemplo, hacia el lado derecho, su compañero deberá realizarla hacia el mismo lado.

16. Se repite el ejercicio anterior desde la posición sentados, primero con las piernas separadas y luego con las piernas juntas.

17. El portero sentado con las piernas separadas y extendidas. El "E" de pie, frente a él, deja caer la pelota que tiene en sus manos. El jugador con una flexión del tronco y con los brazos extendidos debe impedir que rebote en el suelo.

No. 17

18. El portero, boca abajo con los brazos extendidos al frente. Un auxiliar sujeta sus tobillos contra el césped. El "E" frente al portero, le envía un balón a media altura, que el arquero debe devolver con un golpe de manos.

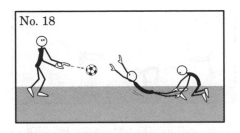

No. 18

20. Con una pelota en cada mano, un jugador avanza, haciéndolas rebotar simultáneamente contra el suelo.

21. El portero avanza driblando la pelota con una mano, haciéndola pasar por debajo de sus piernas.

No. 20   No. 21

19. Dos porteros sentados frente a frente, con las piernas extendidas y separadas, practican caídas hacia los lados. Uno de ellos lanza el esférico, el compañero cae con la bola aprisionada en sus manos, apoyándola contra el suelo.

22. Hacer circular la pelota a través de la cintura.

23. Equilibrar primero la pelota encima de la parte posterior del cuello. Conseguido el propósito, soltarla y cogerla, por la espalda, antes que caiga al suelo.

No. 22   No. 23

24. Lanzar la pelota con las manos por encima de la cabeza y cogerla en la espalda; luego, impulsarla desde atrás por encima de la cabeza y cogerla con las manos, por delante.

No. 19

No. 24

25. Separados por tres o cuatro metros, dos porteros se hacen pasos rasos y fuertes, por debajo de sus piernas.

26. Un portero de pie, con sus brazos extendidos al frente, en cuyas manos sostiene una pelota. En un momento determinado, suelta el esférico, golpea con sus manos detrás de su espalda y lo coge, antes de que caiga.

27. Lanzar una bola, fuertemente hacia arriba, por debajo de sus piernas y cogerla antes de que caiga al suelo.

28. Una variante de la acción anterior, es aquella en que el portero con sus manos lanza la pelota por encima de su cabeza, y la recoge, metiendo sus brazos entre sus piernas, en razón de una veloz flexión del tronco.

No. 25

No. 26

No. 27   No. 28

No. 29

30. El portero de pie, hace rebotar la pelota fuertemente contra el suelo con las dos manos, hace un rollo y trata de cogerla en sus espaldas, primero libremente y luego con las dos manos.

No. 30

29. Cerca de una pared, el portero lanza una bola hacia arriba, hace una flexión del tronco tocando la punta de sus pies, corre hacia la pared, la toca y regresa a cogerla.

31. En la posición de espaldas el portero hace pasar el esférico debajo de su cuerpo, de un lado a otro, elevando el tronco.

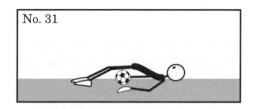

No. 31

33. Sentado, mientras un compañero le sujeta los tobillos, el portero recibe y devuelve los balones que desde el lado izquierdo y derecho, le envía el "E" y un auxiliar.

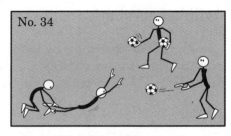

No. 34

el portero devuelve las pelotas, que el "E" y un auxiliar, le envía desde los costados.

32. El portero que está sentado da un salto hacia atrás, impulsándose con las piernas, para recibir el esférico que le lanza su "E" con la mano.

No. 33

34. Un ejercicio similar se realiza desde la posición boca abajo. Mientras un compañero le sujeta los tobillos,

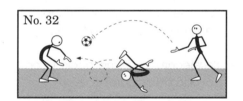

No. 32

Síntesis

Hasta el momento, hemos ofrecido un gran número de ejercicios de velocidad y reacción, de posición de espera y equilibrio, y de flexibilidad y coordinación. Todavía queda mucho sobre el entrenamiento del portero, continuemos con el tema.

Agilidad acrobática

Hay una frase que lo define todo: "el portero debe ser un verdadero acróbata", lo que en el fondo es la suma de una serie de cualidades: flexibilidad, elasticidad, coordinación, velocidad de reacción, etc. Por eso, precisamente, hemos denominado este capítulo de su entrenamiento, como el de "agilidad acrobática".

Ejercicios de agilidad acrobática

1. Repaso del rollo o voltereta para adelante y para atrás.

2. Después de una corta carrera el portero toma impulso en un trampolín, se eleva, hace el rollo y cae en una colchoneta.

No. 1

3. Un jugador acostado con sus rodillas dobladas sostiene con sus manos los hombros de un portero, que a la vez afirma sus manos en sus rodillas. Cuando ha conseguido total equilibrio, el auxiliar lo empuja hacia arriba, en una acción coordinada con el portero, el cual dando una vuelta completa cae con los pies juntos, después de lo cual realiza un rollo hacia atrás.

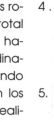

No. 2   No. 3

4. Con ayuda de una pared, el portero realiza la posición invertida, o sea, se para sobre sus manos y se afirma con la planta de sus pies.

5. Se ejecuta la misma acción con la ayuda de un compañero.

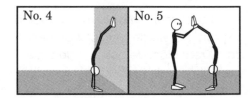

No. 4   No. 5

6. El portero, coordinadamente ejecuta la posición invertida, después de lo cual, cae sobre sus espaldas.

7. El mismo ejercicio anterior. Después de caer se levanta, hace un rollo. Al salir del rollo toma la actitud del saltador de vallas y realiza cinco o seis oscilaciones sobre la pierna adelantada.

8. El portero se coloca de espaldas en el suelo, con los brazos doblados sobre su cabeza. En un instante determinado levanta fuertemente el tronco. Esta acción se hace completa, cuando el portero después de levantar el tronco, trata de pararse en sus manos intentando la posición invertida.

9. La rueda lateral es un espléndido movimiento acrobático que requiere de gran coordinación y agilidad.

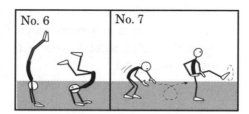

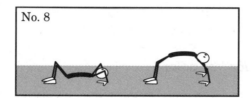

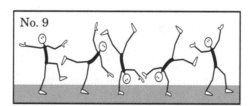

10. Desde la posición de espaldas, pasamos primero a la "vela", luego llevamos los pies encima de la cabeza, y con una rápida oscilación damos un salto para quedar finalmente en la posición de pie.

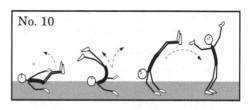

11. El portero hace el clásico movimiento de "flickflack", que consiste en una rotación completa hacia atrás.

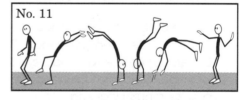

12. El portero salta por encima del primer compañero, pasa por debajo

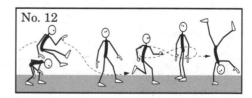

de las piernas del siguiente, dibuja o hace un "ocho" en el último, y termina la acción realizando una rueda lateral.

13. Cuatro compañeros previamente enumerados, cada uno con una pelota en sus manos, envían balones, cada uno a su tiempo, cerca del portero, el cual debe evitar, que toquen el césped.

Ejercicios de agilidad acrobática en los tres palos

1. El portero ubicado en la línea demarcatoria del área pequeña. El "E" frente a él, le envía una pelota por arriba. El portero da unos pasos atrás, se impulsa y desvía.

2. La misma acción, salvo que el portero comienza el ejercicio, junto a un vertical.

3. El portero se ubica entre la línea de gol y la línea del área chica. El "E" frente a él, y dos auxiliares en los costados. Ordenadamente le envían balones de altura, que después de un impulso debe desviar.

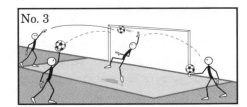

4. El portero está ahora de rodillas bajo los tres palos. Frente a él, el "E" y dos auxiliares hacen rebotar en el suelo, los esféricos que tienen en sus manos. El portero se levanta, salta y desvía cada uno.

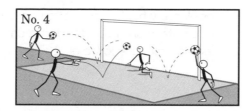

5. El portero de pie bajo los tres palos. Frente a él está el "E", y a su lado, dos auxiliares. Todos tienen dos pelotas en sus manos. El portero corre hasta el "E" y empieza a retroceder a su portería. En ese instante, ordenadamente, los auxiliares y el propio "E" hacen rebotar sus implementos contra el suelo, que el portero debe desviar por encima del travesaño.

6. El portero, junto a un vertical ejecuta una rueda lateral, o en su defecto un rollo, después de lo cual retrocede a desviar una pelota que el "E", envía con la mano, precisamente al poste desde donde empezó su movimiento.

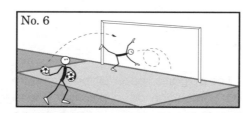

7. El arquero de pie, bajo su portería. Salta la valla que está frente suyo, y al retroceder por un costado de ella, el "E" lanza una pelota alta con la mano, que el portero debe desviar. De inmediato recibe dos remates, de cada uno de los auxiliares que están a su lado.

8. El portero bajo los tres palos. A una señal monta "a caballo" del compañero que está frente suyo y rechaza con los puños un esférico

51

lanzado con la mano por su "E". Después del rechazo retrocede hacia su marco y desvía dos pelotas altas, que con la mano lanzan los auxiliares ordenadamente. Luego, vuelve a montar a caballo y repite el ejercicio.

9. El portero cinco metros detrás de la portería. A una señal, hace un rollo hacia adelante, luego un "flick flack" (hacia atrás), salta sobre el travesaño, oscila varias veces hacia adelante y hacia atrás, salta hacia adelante, y al retroceder, desvía un esférico alto que lanza el "E".

No. 10

No. 9

10. El portero junto a un poste. Ejecuta una rueda lateral y desvía una pelota lanzada por su "E". Corre al poste opuesto, realiza una nueva rueda lateral, y desvía otro esférico que lanza el "E".

La seguridad de manos del portero

Recordemos que la seguridad de apañe del portero, depende de dos factores: a) la correcta posición de los dedos de sus manos, y b) la potencia que muestren los músculos del tren superior: hombros, pectorales, brazos, antebrazos, manos y dedos.

Los pulgares son el último elemento de contención de la pelota y deben formar con los dedos, la figura de una clásica W. Cada vez que un portero apañe una bola, debe llevarla de inmediato al pecho, que le sirve como elemento de resguardo.

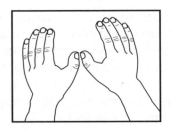

Ejercicios

1. Dos porteros, sentados frente a frente, se hacen pases muy fuertes, impulsando la pelota con las dos manos. El que la recibe lo hace con los brazos extendidos, se deja caer de espaldas, toma impulso, y al sentarse la entrega a su compañero.

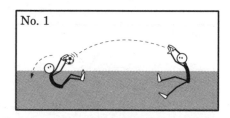

2. El portero sentado frente a una pared. Lanza fuertemente la pelota con ambas manos, y la coge o apaña, con sus brazos extendidos, después de lo cual cae lateralmente al piso, aprisionándola contra el suelo.

3. El mismo ejercicio anterior, pero el portero, hace los envíos, de pie, con sus pies. Igualmente cae aprisionando la pelota contra el suelo.

4. El portero de pie, frente a la pared, debe coger los envíos que le hace el "E", primero con la mano y luego con el pie.

5. El portero sentado frente al "E" debe apañar con los brazos extendidos, las pelotas que éste le remata desde corta distancia. Un auxiliar le va pasando los implementos para darle mayor continuidad al juego.

No. 6

6. El siguiente trabajo es muy similar al anterior, salvo que esta vez, los balones no van a las manos del portero, sino un poco más elevados, para obligarlo a impulsarse hacia arriba y apañarlos.

7. El portero adopta la posición de tendido boca abajo. (Prono). Hace tres flexiones de brazos; el "E" le lanza con la mano un fuerte remate que debe aprisionar.

8. Ejercicio: "la carretilla humana". Sostenido por un compañero, por las piernas, el portero avanza golpeando una pelota.

9. El portero es sostenido por un compañero por sus caderas. Cada vez que el "E" le lanza una pelota, hace una extensión dorsal y la apaña.

10. Se colocan en el suelo cinco o seis pelotas separadas por un metro. El portero aprisiona cada balón, justo en el instante en que el "E", cuidadosamente lo remata.

No. 10

11. El portero fortalece su tren superior, a través de diversos medios: asciende por una cuerda, sube una escalera vertical, hace suspensiones en una barra fija, camina parado en sus manos, etc.

No. 7

No. 8

No. 9

12. Dos porterías frente a frente, separadas por diez metros. Los porteros practican apañes del balón, lanzándose fuertemente envíos con los pies. Cada vez, que una pelota se suelte de sus manos, pierde un punto.

El empleo de los puños

Se ha comprobado que el 75 por ciento de los goles de un partido, son productos de centros bien ejecutados. La mayoría de los ataques terminan en juego aéreo. En esa zona, se concentran tantos jugadores atacantes y defensores, que saber golpear y rechazar una pelota empleando los puños, es un recurso admirable del que no puede prescindir ningún portero. La utilización de apropiados guantes aumenta la contundencia del golpe.

Hay detalles importantes en el golpe de puño:

a) En la fase inicial deben apretarse fuertemente los codos contra el pecho, para extender luego, fuertemente los brazos.

b) El golpe, sea con un puño, o con los dos, debe darse directamente al centro de la pelota.

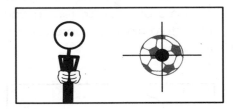

Ejercicios

1. El portero sentado con las piernas extendidas, frente al "E" que tiene dos balones en sus manos. Un auxiliar le pasa muchos más. El portero con golpes de puño los desvía hacia atrás.

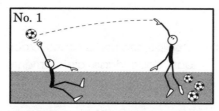

2. El mismo ejercicio se realiza con el portero hincado sobre sus dos rodillas.

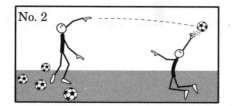

3. El portero en su marco. Frente a él, dos hileras de jugadores, todos los cuales tienen una pelota en sus pies. Avanzan ordenadamente, uno de cada lado, rematan alto para que el portero desvíe con el puño.

4. Frente al marco, tres hileras de jugadores, tienen cada uno una pelota en sus manos, que lanzarán con sus pies, de rebote, hacia la portería.

5. El portero en su marco, rechaza con golpes de puños, hacia los lados o por arriba, una seguidilla de remates, que le hacen jugadores previamente numerados, desde fuera del área

6. Jugadores ejecutan centros desde la derecha y desde la izquierda, que el portero, obstaculizado por un compañero, debe rechazar con los puños, siempre hacia las orillas.

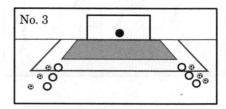

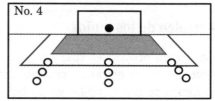

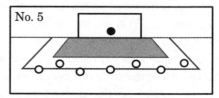

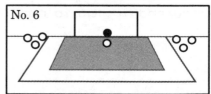

7. Frente a un marco, se instala otro portátil, en cada uno de los cuales se ubica un portero. Varios compañeros hacen centros desde la derecha y desde la izquierda.

Con golpes de puño, deben hacer goles en la meta contraria. Hay que insistir que los centros deben ser altos, para facilitar las maniobras de los porteros.

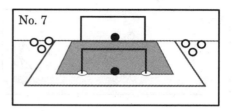

No. 7

Potencia de piernas

El portero debe sacar el máximo provecho posible al utilizar sus manos. De poco le servirá dicho privilegio, si la musculatura de sus piernas no es lo suficientemente poderosa en su impulso.

Ejercicios

1. Realizar el clásico salto largo del atletismo. Tomar impulso, rechazar con una pierna y caer a pies juntos.

No. 1

2. Realizar las diversas variedades del salto alto del atletismo: trotar para tomar impulso, rechazar, caer.

No. 2

3. Realizar la técnica del salto triple. Correr, impulsarse con una pierna, caer en la misma pierna y con ella misma tomar un nuevo impulso y caer en las dos.

57

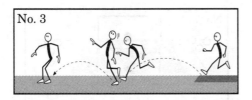

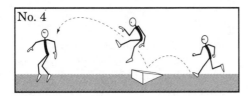

4. Trotar para tomar impulso, apoyarse con un pie sobre una banca o un trampolín, elevarse tanto como se pueda y caer en las puntas de los pies.

5. Pasar obstáculos a grandes zancadas.

6. Trotar, saltar hacia arriba, caer flectando las piernas, saltar hacia arriba a coger un balón imaginario.

7. Trotar, saltar hacia arriba, caer en flexión de piernas desde esa posición dar un nuevo salto hacia adelante a pies juntos finalmente saltar hacia arriba a coger una pelota que lanza el "E".

8. Trotar, saltar hacia arriba, caer en flexión de piernas, saltar con pies juntos hacia el lado izquierdo, desde allí saltar hacia el lado derecho, finalmente saltar hacia arriba.

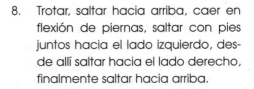

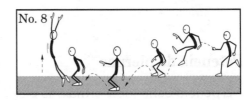

9. El portero da tres saltos amplios en su pierna izquierda, luego tres saltos en su pierna derecha y finalmente tres saltos hacia adelante a pies juntos. Al caer hace "un rollo" y salta hacia arriba.

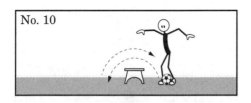

No. 10

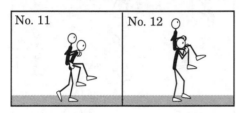

No. 11   No. 12

No. 13   No. 14

No. 15

10. Saltar sobre una banca, con una pelota aprisionada con los pies. Este mismo salto lateral se realiza después con una bola medicinal de 2 Kg en sus manos.

11. Avanzar 15 metros con un compañero en las espaldas.

12. Avanzar 15 metros con un compañero sobre los hombros.

13. Apoyando en un vertical, hacer 10 flexiones profundas de piernas.

14. Con un compañerito muy liviano sobre los hombros, repetir el ejercicio anterior.

15. En las gradas de una tribuna, subir saltando a pies juntos cinco peldaños. Bajar caminando libremente.

16. Frente a las gradas, tomar un poco de impulso y luego subir dos gradas saltando en la misma pierna. Repetir el ejercicio cambiando de pierna.

No. 16

17. Rebotes a pies juntos en el mismo sitio. Cada tercer tiempo llevar las rodillas al pecho. Una variante es saltar, tocándose los talones juntos, atrás.

No. 17

18. Un jugador trata de avanzar. Su compañero, valiéndose de una cuerda trata de impedirlo haciendo oposición.

19. El portero trata de arrastrar a un compañero que está sujeto con sus manos a uno de sus tobillos.

20. Se forman dos equipos de tres parejas cada uno. Cada equipo consta de tres caballos con sus respectivos jinetes, los cuales se hacen pases con las manos, tratando de hacer goles en la portería contraria. Cuando por alguna razón, la pelota cae al suelo, los jinetes y caballos cambian de funciones.

Una variante muy interesante de este juego de caballos con jinetes, que tanto fortalece las piernas, es que sean los caballos quienes juegan fútbol, naturalmente con los pies. Los jinetes participan pasivamente.

Síntesis

Para completar el ciclo de entrenamiento de los porteros, solo nos resta ofrecerles: el sentido táctico del portero, sus saques, la forma de aumentar su coraje, el cerrar ángulos y básicamente su adiestramiento bajo los tres palos, temas todos, que nos permitimos ofrecerles en las páginas siguientes.

Sentido táctico del portero

Aunque se trate de niños que juegan de porteros, los aspectos tácticos, por simples que sean, han de serle de gran utilidad.

Ningún portero del fútbol moderno puede permanecer mudo mientras el rival avanza hacia su portería. Debe dirigir y orientar a sus compañeros: "¡No lo dejes ir, Enrique, márcalo más cerca!". "¡Pégate a ese jugador, Néstor, no lo dejes centrar!".

No es solo eso. Debe ser un verdadero guía en los aspectos tácticos elementales de sus compañeros. Esto significa que debe compenetrarse bien de las instrucciones, que en este sentido, ha impartido el entrenador, respecto al marcaje de algunas piezas relevantes del equipo adversario, o sobre normas creativas de juego, cuando se esté en posesión del esférico.

Con respecto al rival

a) El "E" quiere que se marque y estorbe preferentemente a un volante determinado que es el que maneja su elenco como verdadero conductor. No puede dejársele libre o hará mucho daño. Desde su posición de portero, y por tener un amplio campo visual, puede desde atrás, indicar algunos ajustes necesarios, si el plan va fallando.

b) El rival tiene un hombre en punta muy hábil con la pelota y muy buen cabeceador. A veces se le escapa con facilidad a nuestro *stopper* o parador. A veces el líbero no hace las coberturas a tiempo. ¿Quién puede apreciar estas situaciones mejor que él?

c) Todos los saques del portero adversario van dirigidos hacia su lado izquierdo, donde un compañero suyo, bastante alto, los está ganando todos. Dándose cuenta de ello nuestro portero pueda hacer una observación decisiva.

Con respecto al propio equipo

a) Su equipo tiene problemas en la salida porque los zagueros laterales están perdiendo muchos pases. Quizá se deba a la poca movilidad de los volantes. Si ello no se arregla rápido, puede costar un gol.

b) Los volantes son muy lentos en su retroceso, cuando se ha perdido la pelota, por eso, quedan muchas zonas libres a merced del adversario.

c) El stopper está fallando. No anticipa. Puede ser oportuno cambiarlo de función con otro defensa.

d) El marcaje en los tiros de esquina no se hace correctamente. Quedan muchos hombres sueltos. Hay volantes que no bajan a tomar posiciones.

e) Las barreras se forman muy lentamente y varios jugadores eluden la responsabilidad de integrarlas.

Como puede apreciarse el portero debe conocer y entender mejor que nadie las instrucciones fundamentales que da el "E", porque es el más indicado para ratificarlas o enmendarlas en el transcurso del partido.

Los saques del portero

Se señala con propiedad, que el portero es el último defensor, pero, a la vez, el primer atacante. Esto quiere decir que de sus manos, nace generalmente, la primera jugada de ataque, la cual debe ser segura y precisa. Por lo mismo, perfeccionar sus saques con la mano y con el pie representa un capítulo muy importante del especialista de los tres palos.

Saques con la mano

Cada vez que el portero ha atajado el esférico, todos sus compañeros especialmente los del bloque defensivo, deben correr a espacios libres a recibir su saque, teniendo especial cuidado de que el posible receptor, no tenga rivales cercanos que puedan robarle la pelota. Por eso, el saque raso, simple, sin efectos es de gran utilidad.

Cuando debe hacer un saque con la mano a mayor distancia y quiere darle velocidad, seguridad y precisión, debe perfilarse lateralmente en dirección al objetivo, y enviarla con el brazo extendido por encima de la cabeza. La situación es exactamente igual al jugador de baloncesto que lanza "un gancho" por encima de su cabeza. La diferencia está en que el saque de portero se realiza con los pies sobre el césped.

No. 1

No. 2 ¡No!   No. 3 ¡Sí!

Saques con el pie

Para sacar con el pie, el portero tiene varias modalidades. Hay quienes prefieren el estilo europeo que vemos en la figura No. 4, que consiste en coger la pelota con las dos manos, elevarla un poco y cuando desciende golpearla con el pie, con la intensidad que desee el ejecutante. En este saque no hay torción ni rotación del tronco. Todo se ejecuta dando el frente del cuerpo, al objetivo que se desea alcanzar.

Dentro de esta modalidad, están aquellos saques en que el portero deja caer la pelota al suelo, para que rebote en el césped. Antes de que se eleve, el portero golpea el esférico. Este saque es de mayor precisión que el anterior, y generalmente se usa en distancias medianas.

Nosotros preferimos el clásico saque de la mayoría de los porteros argentinos. Para explicarlo, nos valdremos de un jugador de béisbol que con un bate en sus manos gira todo su cuerpo para darle a la pelota que le ha enviado el lanzador. El bateador, para poder girar el tronco y los brazos, cuando viene la pelota, adopta la posición inicial de medio lado con respecto al lanzador. No le da el frente. Se coloca de lado o de costado. Exactamente igual es el saque de portero que estamos explicando. El portero también se coloca de lado o de costado frente al objetivo, eleva un poco la pelota, y su tronco ejecuta una rotación acompañando a la pierna que va a golpear el esférico, para pegarle preferentemente de empeine. Realizando el mismo giro del bateador que busca la pelota pequeña, el portero gira el tronco y la pierna en busca del esférico de fútbol.

Con respecto a un método de entrenamiento, para perfeccionar las variedades de saques del portero, el más simple y eficaz, consiste en que dos compañeros separados por treinta o más metros, practiquen simultáneamente el saque y por supuesto su compañero, la elevación para coger la pelota de altura. Así van cambiando las tareas, no cinco ni diez minutos: media hora diaria por lo menos.

No. 4

No. 5

No. 6

Robustecer el coraje

Ejercicios

El coraje o valentía del portero se manifiesta fundamentalmente cuando debe arriesgar su físico en situaciones veloces y a veces imprevistas, como cuando debe lanzarse a los pies de un rival, que ha escapado a la custodia de los defensas y corre en demanda de la portería.

En una de las primeras lecciones, aconsejamos a los porteros apoyarse en una marca o seña, frente al centro justo de los tres palos, para tener un punto de referencia. Precisamente ella le será de gran utilidad, para cerrarle el ángulo de acción al rival que se ha escapado, diagramando en el cerebro una bisectriz imaginaria y ubicándose justamente en el medio de ella.

Podemos apreciar en el dibujo No.8, la forma en que un portero debe atacar el esférico. Cuando se lance a los pies del rival, debe hacerlo lateralmente, de manera que su cuerpo brinde una mayor superficie de contacto y la pelota pueda chocar en cualquier parte de su cuerpo. Si por alguna razón no puede aprisionar el esférico entre sus manos, por lo menos tiene la oportunidad de que este choque en su cuerpo. Ello no ocurriría, si se lanzara de frente a la pelota, como si estuviese lanzándose a una piscina. En este caso sus posibilidades de bloquearla serán mínimas. Un buen ejercicio preliminar, en cualquier sector de la cancha, consiste en que el portero reciba el ataque de una hilera de cinco o seis delanteros, los cuales emplean diversos ritmos; unos avanzan casi caminando, otros lo hacen al trote y algunos a máxima velocidad. Todos deben emplear fintas, aunque sus velocidades sean diferentes. (Fig. No. 9). En el dibujo

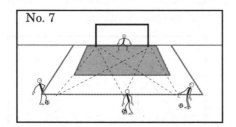

No. 10, observamos una serie de maniobras combinadas. Inmediatamente fuera del área, a cada lado, hay jugadores cuya misión será hacer centros altos. En los ángulos del área grande hay columnas de jugadores cada uno con su respectivo esférico, que tendrán la misión de driblar directamente hacia la portería, para obligarlo a lanzarse a sus pies. Frente a la portería, fuera del área "E" y su auxiliar, tendrán la tarea de hacer remates directos. La secuencia del ejercicio es la siguiente: 1. centro de la derecha, remate del "E" y avance de la hilera de dribladores del lado izquierdo. 2.

centro de la izquierda, remate del centro del "E" o del auxiliar y avance del primer jugador de la hilera de dribladores del lado derecho. En esta forma, el portero interviene en tres situaciones diferentes: en los centros, en los remates directos y perfeccionando su coraje al lanzarse a los pies de los dribladores.

Cuando llevamos a los porteros a realizar su entrenamiento específico en los tres palos, debe haber tenido por lo menos quince minutos de calentamiento previo. Ojalá en su atuendo deportivo, utilice pantalonetas acolchadas, chombas con refuerzos que protejan sus codos, aparte de las habituales rodilleras. El portero no puede entrenar a media máquina, es decir, al 50 por ciento de su máximo rendimiento. Cada intervención suya debe ser exactamente igual como si estuviera jugando un partido.

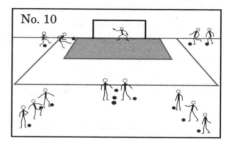

No. 10

Entrenamiento del portero en el marco

Ejercicios

1. El guardapalos en su marco recibe los lanzamientos altos, hacia los ángulos superiores, que les envían ordenadamente el "E" y sus auxiliares con las manos para darle mayor precisión al trabajo. El de la izquierda, al ángulo superior derecho; luego el de la derecha al ángulo superior izquierdo y el "E" una bola alta al centro. Una variante simple consiste en realizar esta acción empleando los pies, pero de sobre pi-

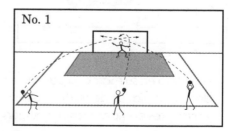

No. 1

que, es decir, dejan caer suavemente la pelota al suelo y la envían al portero.

2. Este mismo ejercicio se complementa con dos jugadores que están detrás de la portería. Después de cada remate o participación del "E" o su auxiliar, el portero da una rápida media vuelta y ataja una pelota rematada, desde veinte metros. Luego, de nuevo cambia de frente y se repite la acción inicial.

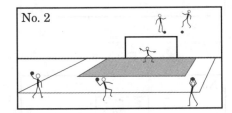

No. 2

3. El portero en su marco; a cada lado de la portería, es decir, por delante y atrás, tres compañeros. La acción la inician los que están frente al marco y tienen una pelota en sus manos. Uno de ellos lanza con el pie por encima del travesaño, una pelota alta que debe ser rematada de primera intención por un compañero del lado opuesto. El guardapalos gira y cambia de frente solo cuando la pelota pasa por encima de su cabeza.

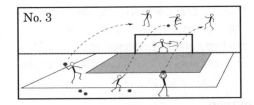

No. 3

4. El portero bajo los tres palos. Los jugadores ubicados entre la línea del área chica y la grande ejecutan centros imitando los saques laterales, para que rematen de cabeza, sus compañeros situados en una columna, a la altura del punto de lanzamiento de penal.

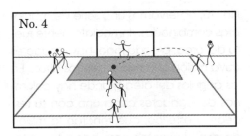

No. 4

5. Como una variante del ejercicio anterior, los centros y remates se ejecutan ordenadamente con los pies. Un centro de cada lado otorga un importante orden.

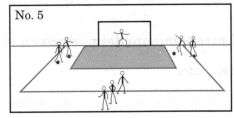

No. 5

6. Frente a la portería a la entrada del área grande, dos columnas de jugadores separados por tres metros.

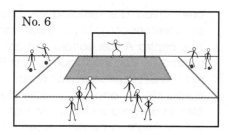

No. 6

En la línea de fondo del campo dos o tres jugadores, cada uno con pelota, que deberán alternar sus centros rasos o altos. El jugador que reciba el implemento puede rematar ojalá de primera intención; mas, si ella viene difícil, la habilita para su compañero.

7. Una variante del ejercicio anterior, que otorga mayor realidad de juego, es aquella en que colocamos un defensa delante del guardapalos, para que obstaculice el accionar de los centros y de los atacantes.

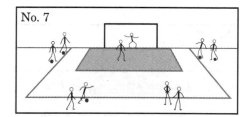

No. 7

8. La acción se ejecuta en el área grande. El portero en su posición habitual. En el área chica dos defensores que no pueden salir de ella. En el área grande evolucionan tres atacantes, los cuales deben rematar antes del quinto pase, contados desde el instante en que el "E" dé la orden de jugar.

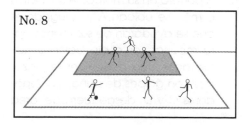

No. 8

Este juego se hace más dinámco, cuando se organizan tríos de atacantes, que esperan su turno fuera del área. Apenas terminan su acción los delanteros de un grupo, avanzan los que esperan turno. También es importante contar con una pareja de defensores, detrás del campo, que vayan alternando funciones con los titulares.

Como los atacantes no pueden ingresar al área pequeña y deben finiquitar su avance antes del quinto pase una vez iniciado el juego, el portero tiene muchísimas oportunidades de intervenir.

9. El portero en su meta. Compañeros situados a cada lado del área chi-

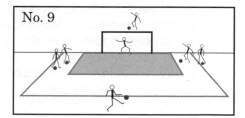

No. 9

ca, habilitan a un rematador frente al marco. Cada vez que éste anote un gol, el portero deberá reaccionar prestamente y cambiar totalmente de frente, porque le vendrá un remate de un jugador situado detrás de la portería, el cual puede alternar sus funciones: puede rematar directamente o bien avanzar driblando, obligando al portero a lanzarse a sus pies.

10. El portero salta la valla que se ubica frente al marco. Al retroceder recibe dos remates: uno por alto que debe desviar, y otro raso o a media altura.

11. Si se acerca más esa valla hacia su meta, el ejercicio puede ser más difícil y más completo. Pueden utilizarse dos centradores, uno de cada lado y dos rematadores. El portero salta la valla y de inmediato viene un centro del lado derecho y un remate del lado izquierdo. Al

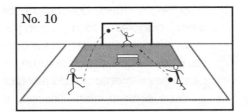

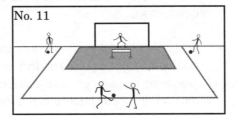

saltarla nuevamente recibirá el centro del lado izquierdo y el remate del derecho.

Este ejercicio tiene muchas variantes: Por ejemplo, después de recibir cada remate, cambie de frente para lanzarse a los pies de un jugador que avanza driblando.

12. El portero bajo los tres palos. Fuera del área dos centradores que denominaremos A y B. En los vértices del

área chica dos rematadores que señalaremos como C y D. Cada vez que centra A y el portero rechaza, remata D. Cada vez que centra B remata C. Esta situación de recibir el centro de un lado y el remate del otro, lo obliga a un frecuente cambio de frente, a dominar el sentido de su posición y a perfeccionar su velocidad de reacción.

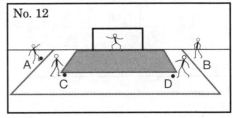

13. El portero en su marco. A 30 metros o más, se ubican A y B, jugadores que se ayudarán de sus manos para impulsar con el pie, balones muy elevados que deben ser rechazados con golpes de puño. Los jugadores C y D, desde fuera del área

ejecutarán centros altos con el pie. Los jugadores E y F rematarán desde los vértices del área chica. El jugador G avanzará driblando tratando de eludir al portero.

La secuencia es la siguiente: A-D-E-G, luego B-C-F-G.

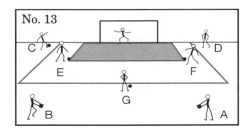

14. El portero junto a un poste rechaza una seguidilla de balones, que rasas o a media altura envían con toda potencia el "E" y su auxiliar. Los remates pueden ser lanzados desde la línea misma del área chica aumentando paulatinamente las distancias.

Una interesante variante sería aquella en que después de dos remates laterales la columna que está a la entrada del área grande utilice diversas acciones: remate directo, avanzar driblando buscando

la participación del portero o tomar el balón con las manos para lanzar balones contra el piso.

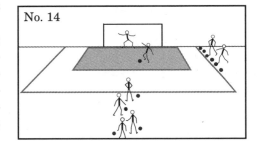

Síntesis

El amable lector habrá podido darse cuenta que hemos ofrecido cerca de 170 ejercicios, juegos o movimientos para perfeccionar las diferentes características del portero:

-Velocidad de reacción.
-Equilibrio y posición.
-Flexibilidad y coordinación.
-Agilidad acrobática.
-Seguridad de manos.
-Potencia de piernas.
-Su sentido táctico.
-Los saques con las manos y con los pies.
-Su coraje.
-Entrenamiento específico en la cancha.

Insistimos en que éste no es un tratado de técnica.

Les invitamos en las próximas páginas a continuar con el entrenamiento de las posiciones, empezando con ese personaje tan fundamental en las defensas modernas: el líbero.

EL LÍBERO

INTRODUCCIÓN

El líbero, importante personaje del fútbol, nació en las décadas de los años cuarenta e inicios de los cincuenta, cuando estaba de moda el sistema W M y las rígidas marcaciones imperaban en todo el mundo. En ese sistema, todos marcaban a todos, incesantemente, pero, el líbero, en vez de perseguir a un determinado hombre cuando el rival estaba en posesión de la pelota, simplemente esperaba en el fondo de la cancha que algún rival superara a alguno de sus compañeros defensas, para salirle al paso y corregir el error. Por esperar atrás, como si estuviera en una cueva, en muchos países se le llamó "el cuevero". En otros, los nombres eran igualmente sugerentes: "el que recoge los heridos".

Con el correr del tiempo evolucionaron los sistemas. Aparecieron las defensas zonales, que conservando algo de los rígidos marcajes de la W M, se transformaron en defensas mixtas. En 1974 apareció esa singular fuerza futbolística llamada *pressing-fútbol*, que indudablemente es el punto de partida de todos los sistemas que se usan hoy.

Pese a las frecuentes transformaciones de los sistemas tanto en la ubicación como en la función de los jugadores, el papel del líbero se ha mantenido intacto, en cualquier dispositivo táctico, porque a todos le otorga un necesario sentido de seguridad.

Hoy, observamos caprichosos cuanto inteligentes sistemas en los equipos de alto nivel. Es necesario recordar que sistema es la ubicación o posición de los jugadores en el campo de juego. Cuando el juez da la orden de mover la pelota y ellos empiezan a desplazarse, empieza un voluminoso y fascinante capítulo llamado táctica. Cualquier sistema que se emplee –y por lo mismo sus derivaciones tácticas– dependerá siempre de la calidad de los hombres de que se disponga. Esto vale tanto para selecciones mundialistas como para infantiles.

En la figura 1 podemos apreciar una habitual formación de retaguardia: un portero, el líbero (2), dos marcadores o *stoppers* delante suyo (4 y 5), los zagueros laterales-volantes derecho e izquierdo (3 y 6). Más adelante un bloque de tres volantes: el de contención (9) y dos de apoyo a su derecha e izquierda (10-8) y más arriba los hombres en punta (7 y 11). Deliberadamente hemos colocado una numeración poco habitual, precisamente, para recordar que el reglamento no establece ninguna cláusula respecto de los números que deban llevar los jugadores.

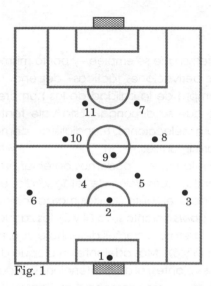

Fig. 1

Hay otros elencos que en vez de emplear dos stoppers utilizan solo uno. Si el adversario juega con un solitario hombre en punta, no tiene sentido disponer de dos *stoppers*. Precisamente en la figura 2, podemos apreciar un portero, el líbero, dos zagueros laterales volantes: ZLD y ZLI. Más arriba hay una línea de cuatro volantes, de los cuales los dos centrales son de contención, pues-

to que deben cubrir la entrada del área: VCD y VCI. Al lado de ellos, están los volantes de apoyo: VAD y VAI, abiertos, porque posicionalmente deben enlazar con los zagueros laterales que avancen y con los hombres en punta: DD y DI.

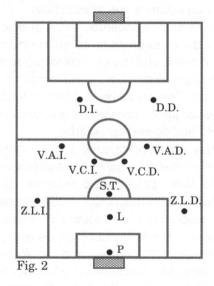

Fig. 2

Hay elencos que emplean en su extrema defensa una línea de cuatro jugado-

res (Fig. 3). Incluso en este sistema, el papel del líbero se hace más flexible. Si es el central izquierdo quien sale a marcar a un rival con balón, su compañero CD le cubre las espaldas como líbero. Lo mismo sucede cuando el avance oponente viene por el sector derecho.

Cuando se emplea la línea defensiva de cuatro jugadores, es fundamental que los volantes bajen a cubrir la entrada del área. En esta forma se evita que sean los integrantes de la última línea quienes deban salir a marcar. Esto es esencial en las defensas zonales mixtas tan en boga en los momentos actuales.

La función del líbero tampoco pierde su preponderancia, cuando los equipos emplean un último bloque de tres defensas en línea, como nos muestra la Fig. 4. Aunque el medio campo esté superpoblado por cinco jugadores, las coberturas veloces de la última línea, otorga seguridad a todo el sistema.

Naturalmente, repetimos, todo es relativo en cuanto a planteos tácticos, lo que depende de la calidad de los

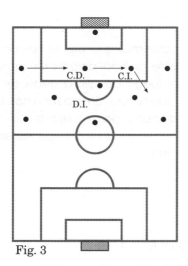

Fig. 3

hombres que ocupen esas plazas. En todo caso, es la capacidad del líbero lo que otorga seguridad y flexibilidad a cualquier sistema.

Entre otras cosas, hay dos que caracterizan al fútbol moderno: primero, la velocidad para recuperar la pelota cuando la tiene el rival, lo que significa naturalmente un riesgo importante, y segundo, la velocidad para iniciar una contundente acción ofensiva, desde el instante mismo en que se ha recuperado. En cualquier caso, la solvencia del líbero, favorece un mejor cometido.

Por algo es el personaje que se mantiene vigente, pese a los vaivenes de los sistemas de juego.

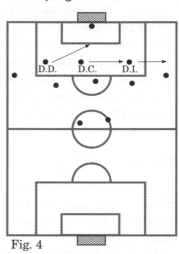

Fig. 4

CUALIDADES ESPECÍFICAS DEL LÍBERO

1. Destrezas

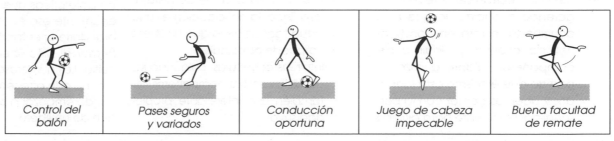

| Control del balón | Pases seguros y variados | Conducción oportuna | Juego de cabeza impecable | Buena facultad de remate |

2. Cualidades físicas

- Velocidad en los desplazamientos largos, necesarios para realizar las coberturas.
- Velocidad en los desplazamientos cortos, indispensable para enfrentar rivales en distancias cortas o medianas y ganar el esférico.
- Velocidad de reacción, que le permitirá levantarse instantáneamente, especialmente en su área, después de haber caído al suelo. En las áreas, el que se levanta primero, gana la pelota y decide la acción.
- Potencia de salto, que le permitirá ganar los balones aéreos. Recordemos que por su ubicación en el campo, delante del marco, el juego de altura debe ser su gran aliado. En esa zona no puede concederse ventajas a los cabeceadores rivales que esperan centros.

3. Madurez táctica

- Por tener en la cancha una ubicación ideal que gravita tanto, dispondrá siempre de una gran visión panorámica de las acciones que ocurran delante suyo. Si aprende a analizar lo que está ocurriendo, estará en condiciones de orientar y dirigir a sus compañeros. Saber analizar el partido que él mismo está jugando, y además contar con la personalidad suficiente para dirigir a sus compañeros, lo sitúa en el primer plano para transformarse en un líder, de cuya presencia necesitan los equipos de todo nivel.
- Pese a tener una raíz de naturaleza física, la anticipación es una virtud táctica de la que un líbero no puede prescindir.
- Intuir las coberturas, cuidando las espaldas de sus compañeros, es también una interesante propiedad suya.

La difícil tarea del líbero

Evidentemente no será tarea fácil encontrar un niño que a los doce o trece años muestre la mayor parte de las características que hemos citado. Precisamente ese es el objetivo de este libro; darle orientación y las armas para formar al niño líbero, ayudar a construirlo. Los numerosos ejercicios y sugerencias que ofrecemos tienen el propósito de empezar a perfeccionar la imagen de un líbero.

EJERCICIOS

Ejercicios que pueden servirle como calentamiento previo

1. Dos porteros separados por diez metros, cada uno con una pelota en sus manos. Una valla pequeño, o un balón, colocado justamente en el medio del campo. El líbero a ritmo pausado, salta el obstáculo, se dirige a uno de los porteros, quien lo habilita para que remate suavemente; después de hacerlo, salta otra vez el obstáculo, se dirige al otro portero, y así sucesivamente hasta completar ocho o diez pasadas. En ese instante entra a ejecutar la acción, otro jugador, y el líbero que hizo el esfuerzo, coge un balón al lado del campo, y hace series con los pies y muslos.
   En este ejercicio se sigue la siguiente gradación:
   a) El líbero devuelve de cabeza.
   b) Devuelve a ras del suelo.
   c) Controla con el pecho, deja picar la pelota en el suelo y remata de volea.

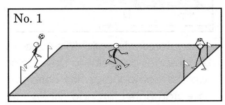

No. 1

2. La misma posición anterior, en cuanto a terreno y ubicación de los porteros. La diferencia está en que tres balones, reemplazan a la valla, los cuales deben ser saltados en carrera continua y no a pies juntos. La gradación es la siguiente:
   a) Los porteros hacen picar la pelota en el suelo, para que el líbero remate de semivolea, suavemente, dándole más énfasis a la técnica que a la potencia.
   b) El líbero recibe la pelota de alto, amortigua con la cabeza y con un segundo golpe remata también de cabeza.
   c) El líbero recibe el esférico a ras del suelo, lo controla con el borde externo, lo acomoda y remata.

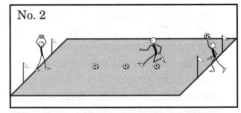

No. 2

Como en el ejercicio anterior, mientras un líbero practica en el campo, el otro hace una pausa activa hasta que le toque su turno. Recomendamos el juego "el sombrerito" un jugador levanta desde el suelo una pelota con los pies, cuando la domina y logra ejecutar varias series, la hace pasar por encima de su cabeza con un golpe más

77

fuerte. Entonces hace un giro de 180 grados y la recibe con los pies o con los muslos, sin que caiga al suelo.

No. 3

4. Los jugadores A y B frente a C y D, todos delante de la portería. A y B tienen la pelota y la entregan a sus respectivos compañeros, quienes las devuelven de inmediato. Al recibir la devolución A y B conducen, detienen el esférico frente a sus compañeros y siguen corriendo hasta la portería, naturalmente sin implementos. En ella, saltan y tocan tres veces el transversal. Al regresar recogen los balones y regresan conduciendo al punto de partida.

Terminado su movimiento A y B, intercambian posiciones con C y D, quienes empiezan el juego.

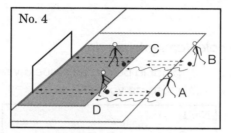
No. 4

Una interesante variante es que B y A, después de recibir la devolución de sus compañeros, los enfrenten directamente utilizando dribles y rematando.

También es útil, el juego en que B y A, con una sola pelota, enfrente a D y C aplicando dribles y paredes y haciendo goles. Si la pareja C-D les quitan el esférico, son ellos quienes se transforman en atacantes y por supuesto A y B son defensores.

5. La misma posición de los jugadores, en el mismo escenario. Intercambian pases de primera intención A con D y C con B. A una orden del "E" los niños que están en la línea del área chica, que son C y D, detienen el balón con el pie, e inician una carrera pasando por detrás de sus compañeros A y B y de allí se dirigen hasta el marco, cuyo transversal tocan tres veces con saltos, volviendo al punto de partida. Terminada la maniobra D y C ocupan el lugar de A y B y repiten el juego.

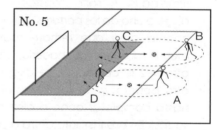
No. 5

6. A manera de pausa activa, los jugadores, por parejas, realizan el juego llamado tenis-fútbol. Sobre una valla, o bien, uniendo dos estacas con una soga, el escenario queda listo. Un jugador con el pie hace un saque suave por encima de la soga. Su rival puede devolverla de primera intención o puede dejar

que la pelota dé un rebote en el suelo, antes de devolverla. Sobre esta base se juega a cinco puntos por lado.

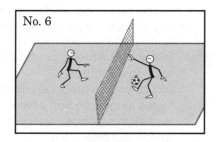

Ejercicios que sirven para perfeccionar las destrezas del líbero

1. Objetivos: precisión en la devolución o transformar cada rechazo en un pase. El líbero se sitúa entre los tres palos, pero no podrá emplear sus manos en los rechazos, solo la cabeza y los pies. Rechazará cada centro o envío, al mismo jugador que hizo efectivo el servicio. El "E" se encargará de ordenar cada remate.

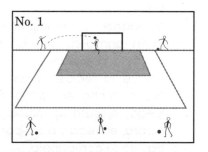

2. Objetivos: precisión en el remate y seguridad en los rechazos. Se forman cuatro equipos, cada uno de los cuales es una pareja. Una de ellas se sitúa en el marco, la cual deberá rechazar y atajar con la cabeza y con los pies, tratando de mantenerse en esta tarea el mayor tiempo posible rechazando los remates que ejecuten las tres parejas restantes.

Naturalmente, de cada pareja, mientras un jugador hace el remate, su compañero se sitúa detrás de la portería, para recoger la bola si es necesario, y correr después a realizar su propio remate.

El "E" controla con cronógrafo, el tiempo que dura cada pareja en el marco, para establecer récords y marcas. La pareja que logra convertir un gol corre a reemplazar a la que estaba defendiendo. Una variante de esta modalidad consistiría en colocar dos parejas rematadoras delante de la portería, y a la vez, dos detrás de ella, a la misma distancia. Esto obligaría a la pareja que ataja a dividir su atención: un jugador para cada lado, con lo cual se aumenta el interés por el juego, y se multiplica la acción de rematadores y atajadores.

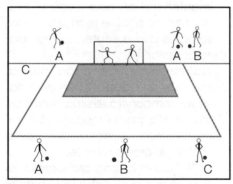

Fig. 2

3. Objetivos: Seguridad en el pase, movilidad, cambio de juego y remate.

- Este juego se realiza utilizando toda la cancha.
- La cancha se divide en dos mitades longitudinales, utilizando conitos o balones, formándose así los sectores A y B.
- Se ubican parejas en cada uno de los sectores citados, cada una con su respectivo balón.
- El jugador con el implemento lo entrega a su compañero y pasa por detrás de él.
- El que la recibe, avanza un breve trecho en diagonal, y luego, ejecuta la misma maniobra: entrega y pasa por detrás de su compañero.
- Cada vez que el "E" haga sonar su silbato, el jugador que en ese instante tenga la pelota, en su respectivo sector, de-

be realizar un cambio de juego al sector opuesto.

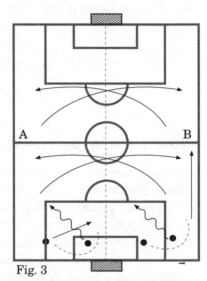

Fig. 3

- Como el cambio de juego es simultáneo, cada pareja se posesiona de un nuevo esférico, y siguen avanzando en la misma forma.
- Al llegar a las áreas deben rematar.

- Nos permitimos recordar las especificaciones de las líneas:
Trayectoria de
la pelota: _____
Desplazamiento
del jugador: - - - - - - - - - - - -
Conducción: ∿∿∿→

4. Objetivos: Los mismos señalados en el juego anterior, más marcaje y paredes.
- Toda la acción se realiza tal como fue explicado en el ejercicio anterior, incluyendo los cambios de juego que indica el "E". La diferencia está en que ahora hemos situado dos defensas, uno en cada sector, para que los jugadores practiquen una pared antes de rematar.
- Una tercera variante, consistiría, en que cada pareja, al terminar su recorrido y acercarse a la portería se divida al acercarse al área. Uno se abre un

poco y toma la línea de fondo de la cancha para ejecutar un centro, mientas el otro se dirige frente a la portería, para recibir dicho envío y rematar.

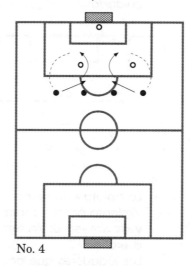

No. 4

5. Objetivos: pases, movilidad, cambio de juego y remates.
- La única diferencia entre este ejercicio y el anterior consiste

en utilizar tríos en vez de parejas, en cada uno de los sectores A y B.
- Cada trío, en su sector, ejecuta la acción llamada "la trenza". La jugada siempre la inicia el jugador que está en el centro de cada trío. La secuencia es la siguiente: X1 entrega a X2, e igual que en el ejercicio anterior, pasa por detrás del que re-

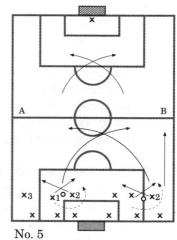

No. 5

cibe la pelota. El que recibe (X2) entrega a X3, y pasa también por detrás suyo. Así van avanzando en procura del campo rival.

- El balón no debe entregarse al pie del que la va a recibir, sino un poco más adelante, para que éste no deba frenar su carrera.
- La pelota debe entregarse siempre de primera intención.
- A una señal del "E", el jugador que en este instante tenga la pelota, debe cruzarlo con un cambio de juego al sector contrario.
- Después del cambio de juego simultáneo, sigue la maniobra en ambos sectores, hasta llegar a las cercanías del área grande, para rematar.

6. Objetivos: Desmarcación, seguridad de entrega, remate de distancia.
    - Este ejercicio se desarrolla en un cuarto de una cancha reglamentaria.

- Un portero bajo los tres palos.
- Cuatro jugadores que atacan son apoyados por un líbero (X1, X2, X3 y X4), son marcados por sus respectivos jugadores cuidadores.

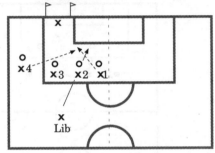

No. 6

- La pelota está siempre en movimiento porque todos juegan y devuelven el implemento al líbero.
- Los jugadores que ocupan los extremos: X1 y X4 están permanentemente cruzándose e intercambiando posiciones.
- Cuando cualquiera de ellos logre ganar un espacio libre y

útil, debe ser habilitado inmediatamente por el líbero que debe correr a apoyarlo para gestar una pared y un remate.

7. Objetivos: Seguridad de pases, movilidad, lucha individual, paredes y remates.
    - Es una variante del juego anterior.
    - En este juego, todos los defensores (0) persiguen por todos los sectores a los atacantes (x), los cuales se cruzan, se desmarcan por todos lados, apoyándose en el líbero que es el distribuidor.
    - Apenas se produce un espacio, el líbero debe habilitarlo con seguridad, en un pase fuerte y profundo.
    - A cada instante intercambian sus funciones defensores y atacantes, mientras el líbero permanece en su tarea.
    - Dentro del mismo ejercicio una variante útil, es contar el nú-

82

mero de pases seguidos que logre hacerse el elenco que está en posesión de la pelota, estableciendo así marcas, que deben superarse en el transcurso del juego.

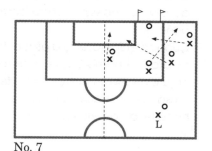
No. 7

Un interesante juego que acentúa la facultad del líbero de empezar los avances desde atrás, mostramos en la Fig. 8. Ambos líberos XL y OL, ubicados detrás de sus respectivas líneas, apoyan a sus compañeros cada vez que apremiados por la marca rival, estos necesiten su ayuda. Los líberos no tienen una posición fija. Corren apoyando, a través de toda la línea y no pueden ingresar al campo de juego.

Se cuentan los pases seguidos que logran hacerse los componentes de un equipo, tratando de establecer marcas. Por supuesto las entregas de los líberos también se contabilizan. Cada vez que un conjunto recupere el esférico y atraviese las marcas de las banderitas, debe proporcionarle el máximo de velocidad a su ataque.

8. Objetivos: Perfeccionar la técnica del salto y del golpe de cabeza.
   - En un terreno similar al de un campo de volibol, se utiliza la red a una altura de dos metros.-
   En un lado se ubica el líbero, y en el opuesto dos compañeros, los cuales en el transcurso del juego, pueden hacerse, hasta tres pases entre sí, antes de rechazar la pelota al sector del líbero.
   - El líbero deberá rechazar siempre de primera intención, elevándose tanto como pueda, para realizar la correcta extensión del tronco hacia atrás para golpear la pelota.
   - Este juego tiene muchas variantes: jugar 2 contra 1, 3 contra 1, 2 contra tres o tres contra tres.

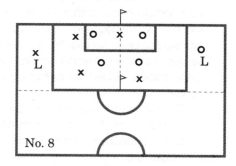
No. 8

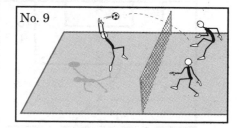
No. 9

Ejercicios que sirven para adiestrar la capacidad táctica del líbero

1. Objetivos: Desplazamientos del líbero hacia la izquierda o la derecha, según sea el lado, por donde venga la pelota.

   Frente a la portería, avanzan desde la mitad de la cancha, tres delanteros marcados por tres defensas y apoyados por un volante. El líbero se desplaza de acuerdo con las circunstancias, siguiendo la trayectoria del balón.

   - Cuando un atacante elude a su defensor y se proyecta hacia el marco, el líbero hace la cobertura.

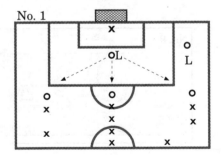

No. 1

   - Cuando el líbero sale a ejecutar la cobertura, el defensa del lado contrario se cierra y le cubre sus espaldas.

2. Objetivos: Ubicación, cobertura y ataque.

   - En un terreno de las dimensiones de un cuarto de cancha, se ubican dos porterías con sus respectivos guardianes.
   - El líbero en su posición.
   - En la mitad del campo, tres atacantes que forman un triángulo, se hacen pases entre sí, a la manera del juego "el bobito", que trata de interceptar un defensor que pertenece al mismo bando del líbero. Los atacantes entregan y corren, es decir, cambian de posición después de cada entrega.
   - A un orden del "E", el jugador que en ese instante tenga la pe-

lota, se dirige a la portería, mientras el líbero trata de interceptarlo y quitársela.
   - Si lo consigue, se va directo a atacar al marco rival, apoyándose si es necesario en su compañero.
   - Cuando el líbero, sale a atacar la pelota del hombre que avanza, naturalmente su compañero defensa, corre hacia su marco a hacerle la cobertura.

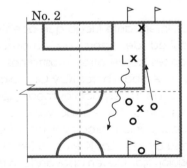

No. 2

3. Ubicación, desplazamientos, cobertura y ataque.
   - Este juego es muy similar al anterior.
   - Se utiliza la misma cancha.
   - El líbero en su posición. Delante de él, hay un *stopper* (X1) marcando a un delantero (01).
   - En la mitad del campo, el mismo triángulo del juego anterior. Sus integrantes entregan y corren y se apoyan constantemente en su delantero (01). El jugador X2, que está en el centro del triángulo, trata de interceptar.

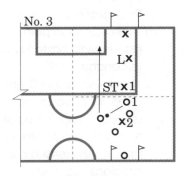

- Sin que medie orden del "E" cuando cualquier atacante del triángulo tenga libertad para hacerlo, se apoya en el delantero (01), que actúa a manera de poste o pantalla.
  El líbero interviene según las circunstancias.
- Si sale directamente al hombre escapado, entonces el *stopper* le cuida las espaldas. Si el líbero gana el esférico se va al ataque, apoyado en uno de sus compañeros.

4. Objetivos: Insistir en que el líbero, no debe jugar en la misma línea con el último defensa del equipo. Debe estar más atrás.
   - En el mismo escenario anterior, el líbero y su compañero *stopper* o marcador, esperan fuera del área, a parejas de atacantes, que de una en una, avanzan sobre ellos.

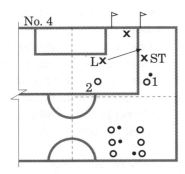

- Si 01 trae la pelota, el líbero abandona la marca de 02 y se cierra a cubrir las espaldas del stopper.
- Si por el contrario 02 trae la pelota, el líbero sale a custodiarlo, mientras que el *stopper* retrocede a cuidar su espalda.
- Estos movimientos son veloces y automáticos.
- SIEMPRE uno de ellos sale a marcar al jugador que tiene el esférico, y SIEMPRE, el compañero le cubre sus espaldas.

- El gran error sería que un jugador saliera a marcar al rival que trae la pelota, y el otro defensa, se quedara marcando al restante adversario que está sin pelota, en vez de cubrirle la espalda. ¿Cómo podría auxiliar a su compañero, si éste fuera eludido?

5. Objetivos: Seguridad y velocidad en la cobertura del líbero.
    - Se utliza la mitad de la cancha de fútbol, para darle mayor amplitud y realidad al juego.
    - Se ubica un bloque defensivo integrado por dos *stoppers* y un líbero.

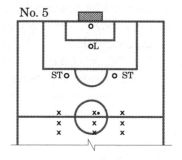

No. 5

- Este bloque es atacado ordenadamente, en seguidillas de avances, por grupos de tres jugadores.
- Los atacantes enfrentan a los dos *stoppers*, que obviamente están en desproporción numérica. Como están en desventaja numérica, ¿deben salir a la marcación individual? Por supuesto que no.
- El líbero debe acercarse a intervenir para acortar distancias entre él y sus compañeros.
- Cuando el bloque defensivo sale airoso y recupera la pelota, sale tocando la pelota hasta la mitad de la cancha, mientras tratan de impedirlo los jugadores que atacaban.

6. Objetivos: Aplicación de todos los movimientos tácticos del líbero: desplazamientos, coberturas, apoyos, salidas, barreras, etc.
    - En la mitad completa de una cancha de fútbol, organizamos un bloque defensivo formado por un portero, el líbero, dos zagueros laterales: derecho e izquierdo, dos *stoppers* y un volante de contención. En total seis jugadores, aparte del portero.
    - Esta defensa será atacada por dos delanteros en punta, dos extremos o punteros y tres volantes. En total: siete jugadores.
    - El bloque defensivo tendrá que cumplir los siguientes principios específicos:
      a) Anticipación.
      b) Cuidar la espalda del hombre que está marcando a un adversario.
      c) Rechazar hacia las orillas.
      d) Al recuperar la pelota, salir jugando ojalá hasta la mitad de la cancha.
      e) Cada vez que el líbero abandone su posición para hacer una cobertura, inmediatamente el zaguero lateral del lado opuesto se cierra a cubrirle sus espaldas. Lo mismo debe ha-

cer el *stopper* del lado contrario. Ambos abandonan momentáneamente la custodia de sus hombres, porque en ese instante lo más importante es cubrir la zona de emergencia que abandonó el líbero para hacer una cobertura.

f) Cada vez que el líbero intercepte una pelota y tenga espacio libre por delante, debe avanzar todo lo que pueda, salvo, que en ese instante lo más útil sea ejecutar un buen pase.

g) Cada vez que el líbero intercepte y salga a atacar, uno de los zagueros laterales, o un *stopper*, según indiquen las circunstancias, debe guardarle y cuidarle su posición.

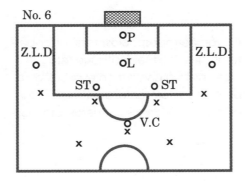

No. 6

- El bloque ofensivo tendrá las siguientes tareas:

a) Abrir la cancha y jugar por los flancos.

b) Seguridad en la entrega. No regalar la pelota.

c) Movilidad constante de todos los jugadores para crear espacios.

d) Mirar antes de centrar y al hacerlo, tratar de anular la acción del portero.

El "E" que estará dentro de la cancha, dirigiendo y corrigiendo, de vez en cuando, cobrará faltas personales a los defensas con el objeto de generar la formación de barreras, en las cuales el portero y el líbero, tendrán buena cuota de responsabilidad.

Igualmente en los cobros de los saques de esquina, obligará al portero a determinar las marcas correspondientes.

Una modalidad muy útil, que deberá adoptar el "E" será cambiar por algunos minutos, totalmente, las funciones de ambos bloques. Los que atacaban se transforman en defensores y viceversa.

Síntesis

Como puede apreciarse, este entrenamiento especializado para el líbero, puede ser aplicado a cualquiera otra posición del bloque defensivo, puesto que todos, como él, deben marcar, anticipar, cerrar espacios, realizar coberturas, desplazarse al ataque, etc.

Les invito a analizar en el próximo capítulo, la interesante ubicación y funcionamiento de los zagueros laterales-volantes, de los cuales ofreceremos un entrenamiento completo.

LOS ZAGUEROS
LATERALES
VOLANTES

INTRODUCCIÓN

La posición de defensa o zaguero ha sufrido grandes modificaciones a través de la historia. En el sistema clásico de principios de siglo, que observamos en la figura No. 1, existían solo dos zagueros, que se transformaron en tres, cuando hizo su aparición la W M en 1925. La FIFA alteró la ley del fuera de juego, y un entrenador inglés llamado Walter Chapman, se las ingenió para aprovechar los espacios disponibles que generó el cambio. Era muy fácil nominar a los tres zagueros de la W M: zaguero centro, zaguero derecho e izquierdo.

Cuando en 1958, Brasil hizo debutar oficialmente el 4-2-4, conformó una línea defensiva de cuatro hombres, de los cuales dos eran los zagueros centrales: derecho e izquierdo, y naturalmente dos zagueros laterales: derecho e izquierdo. Es importante destacar, que posicionalmente los zagueros han mantenido su ubicación lateral hasta hoy, incluso cuando la línea de cuatro, se ha desdibujado para dar paso a la aparición del líbero.

Cuando en 1966 en la Copa del Mundo de Inglaterra, salió a relucir el flamante 4-3-3, tampoco los zagueros laterales sufrieron innovaciones, como

no fuese su iniciativa de liberarse de ataduras defensivas para asomar por instantes como elemento de ataque.

En este momento, la mayoría de los elencos de alto nivel del mundo emplean el sistema 4-4-2, que ha significado una importante puerta abierta, para que los zagueros laterales, adquieran netos ribetes ofensivos, transformándose en verdaderos zagueros-volantes. Como posicionalmente por lo menos, hay solo dos delanteros, no tiene sentido que los zagueros laterales se queden pegados a sus bandas, sin marcar a nadie definido.

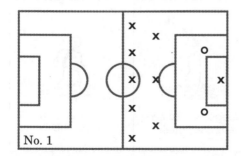

No. 1

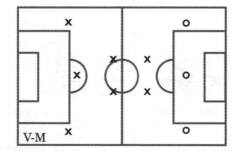

V-M

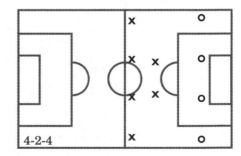

4-2-4

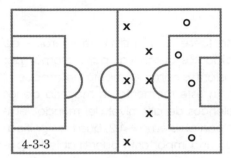

4-3-3

Desde el punto de vista funcional, han pasado a integrar la línea de volantes, y naturalmente por su ubicación en el campo de juego, debe aprovechar los flancos u orillas para atacar cada vez que las circunstancias de un partido lo requieran. Tácticamente, los cotejos empiezan a definirse por dichas franjas laterales, que es por donde transitan habitualmente.

Terminamos esta fugaz reseña de la historia de los sistemas, recordando que ellas representan solamente la ubicación de los hombres en la cancha.

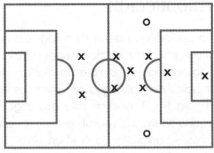

Un sistema moderno

Cualidades específicas de los zagueros laterales-volantes

1. Destrezas

| Rechazos de: voleas, semivoleas de cabeza. | Barridas leales y reglamentarias. | Pases: cortos, largos, cambios de juego | Juego de cabeza: defensivo, ofensivo | Conducción, fintas, dribles. |

2. Cualidades físicas velocidad, divino tesoro

La dominante física fundamental de los zagueros laterales-volantes es la velocidad. En general, también lo es de todos los integrantes del bloque defensivo. En el caso de los zagueros laterales-volantes, este criterio se multiplica, porque como hemos señalado anteriormente, es por las bandas u orillas, por donde se insinúan y definen las jugadas de mayor velocidad, ya que en ellas es más fácil encontrar espacios para ejecutar centros y realizar entradas en profundidad.

- Velocidad en el marcaje: por veloces que sean los adversarios que incursionen por su lado, su misión será anularlos, retardar su avance.
- Velocidad en los desplazamientos largos: tanto para hacer una cobertura, para ejecutar un avance, o bien en el retroceso a recuperar su posición normal, después de haber atacado.
- Velocidad en el despegue inicial, desde una posición estática. El defensa que antes de dos metros, haya logrado un empuje inicial, tendrá gran parte de la batalla ganada.
- Velocidad de reacción ante cualquier situación imprevista.
- Resistencia es una cualidad que complementa a la velocidad en el zaguero lateral-volante. La batalla de subir y bajar, de defender y a la vez apoyar y atacar, que se desarrolla justamente por las bandas, no tiene pausas.

3. Madurez táctica

La madurez táctica de los zagueros laterales se manifiesta en diversos aspectos:

1. En su dominio corporal cuando el rival trae la pelota, podemos desmenuzarla en diferentes fases:

   a) En su posición ideal de espera, en su aproximación al rival y en la elección del momento para atacarle el esférico.

   b) En su coordinado retroceso para retardar el ataque del rival que lo enfrenta. Un segundo que gane en ese propósito es ventaja para su equipo. En su retroceso, debe confundir incluso al oponente, simulando fintas y movimientos para desorientarlo.

2. En la anticipación permanente, que es el concepto más especializado de la marcación.

3. En saber cerrarle caminos, desplazando, al rival al lugar desde donde

pueda causar menos daño. Por ejemplo, una vez en la línea de cal, no dejarlo darse vuelta.

4. En la seguridad y oportunismo de las coberturas.

5. En su ubicación conveniente en las barreras y en los tiros de esquina, tanto en el orden defensivo como ofensivo.

EJERCICIOS

Algunos ejercicios que pueden servirle a manera de calentamiento

1. Se ubican dos jugadores, de pie, frente a frente separados por 10 metros y realizan la siguiente secuencia:
   a) Se hacen pases libremente. Después de cada entrega, separan rápidamente las piernas con un salto y tocan con ambas manos las puntas de sus pies.
   b) Después de cada pase, los jugadores rebotan a pies juntos en su lugar, hasta que de nuevo, la reciben

   c) Después de cada entrega, al trote pasan por detrás del compañero, y regresan a su puesto inicial, corriendo hacia atrás, después de lo cual inicia la misma acción el jugador que quedó con el esférico.

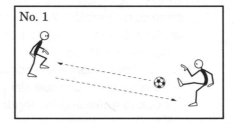
No. 1

   d) El mismo ejercicio anterior, pero el regreso se hace simulando marcar a un rival.
   e) El mismo ejercicio, pero el regreso se hace desplazándose lateralmente.

2. Los jugadores se acercan a tres metros de distancia. Uno de ellos domina el esférico haciendo series (repetidos golpes de balón) alternando los pies, muslos y cabeza. Cuando tiene pleno control de sus movimientos, corre velozmente, pasa por detrás suyo y vuelve a su pues-

to inicial. Mientras domina y hace series, espera precisamente que aquel termine su recorrido; entonces se la entrega y empieza a correr. Así, hasta que cada uno completa ocho o diez carreras.

3. Elongaciones complementarias, simples.

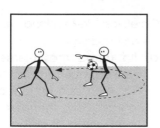

No. 3

Ejercicios que sirven para mejorar las destrezas de los zagueros laterales-volantes

1. Objetivos: Velocidad de reacción y remate.
   Dos jugadores sentados a 25 metros de una portería. Sorpresivamente, el "E" que está detrás de ellos con una pelota en sus pies, la envía fuertemente hacia adelante. Se levantan tras ella, el que la gane, remata. Este juego muestra algunas variantes:

a) En vez de rematar, se trata de eludir al portero.
b) Quien pierde el esférico, trata de hacer una barrida reglamentaria.
c) El jugador que la gana, después de rematar al portero, se abre de inmediato a un costado para recibir su devolución, lo cual es una forma elemental de practicar "salidas" de un equipo.

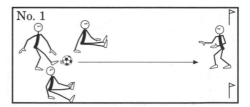

No. 1

2. Objetivos: velocidad de reacción y buena entrega.
   - Tres jugadores, separados cada uno por diez metros, conforman un triángulo. Uno de ellos que actúa como "hombre-base" está sentado. Uno de los jugadores tiene una pelota en sus pies, la lanza fuertemente a dos metros de distancia del hombre-base, quien se pone de pie, la alcanza, y la devuelve de primera intención al otro jugador, quien espera que otra vez se siente en el suelo para ponerlo nuevamente en acción. Así, el hombre base, emplea una vez su pierna derecha, y otra vez, la izquierda. Los componentes del triángulo alternan las funciones.

3. Objetivos: Intercambio de balones a toda velocidad.
   - Una pareja, en columna, frente a un compañero situado a ocho metros de distancia. El primero, con una pelota en sus pies, la que entrega al jugador del frente, y corriendo a toda velocidad se sitúa detrás suyo. Quien recibe la pelota hace lo mismo. Este intercambio veloz de balones exige mucha seguridad en la entrega y bastante velocidad en la carrera.
   - Como una variante de este ejercicio, los participantes pueden utilizar la cabeza en vez de los pies.

4. Objetivos: Perfeccionar el sentido de anticipación.
   a) La forma más elemental es aquella, que muestra el dibujo No. 4 en que un jugador está sentado dos metros atrás del compañero al que debe anticipar. Cada vez que el "E" hace un pase al jugador que está de pie, el defensa se levanta y anticipa.
   Una variante de la acción anterior, sería que el zaguero que anticipa adopte diversas posiciones: de rodillas, boca abajo, de espaldas, etc.

No. 2

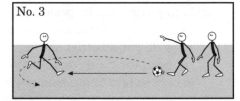

No. 3

No. 4

b) Sobre la base de este mismo juego, situamos una portería detrás del "E". Cada vez que el zaguero anticipa, conduce la pelota y remata.

Otra variante es aquella, en que el zaguero, después de anticipar, hace un pase al "E", quien se la devuelve para que remate.

5. Objetivos: combinar destrezas y velocidad corta.

a) Esta actividad se realiza por parejas. Un jugador recibe el implemento de un compañero, la devuelve, y luego corre a tocar la línea de fondo, repitiendo la acción cinco o seis veces.

No. 5

En este ejercicio básico, las devoluciones al compañero que lo pone en acción entregándole el implemento, puede seguir la siguiente gradación:

- de cabeza
- volea de pierna izquierda
- volea de pierna derecha
- control de pecho y devolución libre
- control de muslo y devolución a ras del suelo.

b) Al ejercicio anterior, le colocamos un obstáculo entre el jugador y la línea de fondo, que puede ser un balón a saltar, o un compañero de pies, semiinclinado, para que sea saltado con apoyo de manos en su espalda. (Fig. No. 6).

No. 6

c) Una modalidad muy similar es aquella en que el jugador, en vez de tocar con la mano la línea de fondo, simplemente remata una pelota colocada precisamente en la línea. (Fig. No. 7).

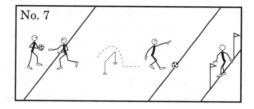

No. 7

d) La acción se intensifica cuando después de cada devolución al jugador que lo habilita, debe saltar una valla pequeña y luego rematar dos o tres pelotas seguidas. Oportunos auxiliares del "E" deben ir colocando los implementos en la línea de remate, para que el juego no pierda continuidad. (Fig. No. 8).

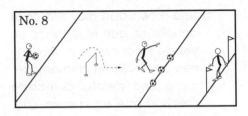

No. 8

6. Objetivos: Seguridad de entrega, movilidad y remate.

a) En este juego, puede observarse dos columnas de jugadores (A y B) y al final de cada una de ellas, su correspondiente portería.

Este ejercicio es muy conocido, pero cuando le agregamos algunas ideas y destrezas, se hace bastante variado.

El primer jugador de cada columna, con el esférico en sus pies, entrega al primero de la opuesta, después de lo cual corre a rematar una pelota que le lanza el portero con la mano o con el pie, según sea, la indicación del "E". Es lógico que los cuatro porteros que intervienen varían a cada instante la naturaleza de sus pases.

b) Hacemos una importante gradación cuando situamos en el centro de cada hilera a dos auxiliares (0) y a un defensa (z) que debe estar cambiando constantemente de frente, según sea el lado que lo ataquen.

Primero los chicos practican una pared larga. El jugador que está primero en su respectiva columna, hace una entrega a cualquier auxiliar e inmediatamente corre a recibir su devolución, después de lo cual conduce para rematar al portero de la columna opuesta. El defensa (Z) actúa pasivamente, practicando más que nada su técnica de espera. Va cambiando de frente según sea el jugador que lo ataque.

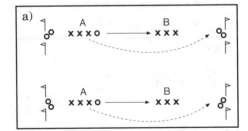

a)

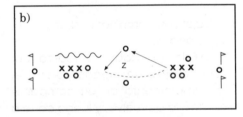

b)

c) En una modalidad muy similar, se practica la pared corta. El primer jugador empieza conduciendo para enfrentar al defensa (Z), frente al cual entrega a un auxiliar y corre a recibir su devolución. Realizada esta pared corta y al recibir de nuevo el esférico, continúa su carrera y remata. Igual que en el ejercicio anterior, el primer jugador de la columna opuesta, que tendrá siempre un balón a su disposición, reinicia la acción hacia la portería contraria.

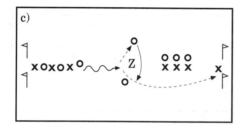
c)

7. Objetivos: perfeccionamiento de fintas, conducción y remates.
   a) Jugadores, en parejas imitan a los pugilistas que hacen *rounds* de sombra a base de fintas.
   b) Tras la misma acción, tratan de tocarle la rodilla al adversario.
   c) En una portería se ubican dos jugadores a manera de defensas. Un rival, a base de fintas, y

sin tocarlos, para no cometer faltas, trata de traspasar la línea de gol.

a)

b)

c)

d) Dos columnas de jugadores A y B, avanzan en sentido contrario. La columna B, cuyos integrantes están separados por un metro y medio avanzan sin tener balones. Al correr hacen fintas y amagues simulando la acción de los defensas que quieren descontrolar a quienes los atacan. Por el contrario, los integrantes de la hilera o columna A, avanzan conduciendo todos su respectivo implemento, y deben driblar a todos los adversarios que avanzan en sentido contrario y finalmente rematan a una portería. Después del remate, se transforman en defensores y pasan a integrar la columna respectiva. Por su parte, los componentes de la columna B, al llegar a la zona donde están los balones, cogen uno y avanzan driblando. Es decir, cada jugador pasa por una fase defensiva y otra ofensiva.

Una variante de este ejercicio consiste en separar un poco la distancia entre los integrantes de la columna de defensores, para darles la oportunidad de quitar realmente la pelota a los adversarios. Primero esa columna actuaba en forma pasi-

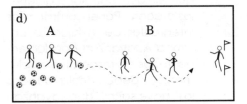

d)

va ahora en la variante tratan activamente de despojar del esférico a sus rivales.

e) Finalmente, los jugadores realizan una maniobra muy parecida a la anterior.

Los defensores avanzan separados por tres metros para darle amplitud al juego, y realmente tratan de quitarle el esférico a los atacantes.

Avanzan conduciendo los integrantes de la columna A.

Junto a cada atacante, corre paralelamente un compañero,

en actitud pasiva, ya que solo deberá intervenir, cuando aquel tenga dificultades en eludir al defensa correspondiente, en cuyo caso, lo apoyará con una pared, después de la cual, ambos siguen su recorrido.

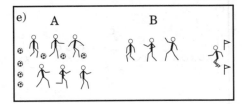

e)

Ejercicios para complementar la madurez táctica de los zagueros laterales-volantes

En páginas anteriores nos hemos referido frecuentemente al concepto DOMINIO CORPORAL, el cual abarca una serie de maniobras específicamente individuales y especializadas. Un defensa, cualquiera que sea la ubicación que tenga en el campo de juego, no puede prescindir del conocimiento completo y profundo de este tema, porque ello le garantiza el éxito en su duelo personal permanente contra el hombre que enfrenta y que dispone del esférico en sus pies. No nos cansaremos de repetir que esa lucha, ese duelo singular, es lo que caracteriza al fútbol de hoy, cualquiera que sea el sistema que está empleando un equipo.

¿Está preparado nuestro defensa para este duelo? Debe estarlo, porque se repite cien y más veces en cada partido. Si sus armas son débiles, será fácil presa del atacante. Si su dominio corporal es maduro, bien perfeccionado y mejor adiestrado, las ventajas estarán de su lado.

Cuando hablamos de dominio corporal nos estamos refiriendo a las dos caras de la moneda: al defensivo, que analizaremos de inmediato, y al ofensivo, que corresponde a maniobras de quienes están en posesión de la pelota, que trataremos cuando nos refiramos a los volantes de apoyo y a los hombres de punta.

La posición básica

Es el primer peldaño del dominio corporal.

- El defensa debe tener abiertas las piernas, hasta un ángulo en que se sienta cómodo.
- El peso del cuerpo debe estar bien repartido en esa base de sustentación, que forman las plantas de ambos pies.
- Las piernas deben estar semiflexionadas y los pies ubicados en forma paralela.

- Esta posición básica, debe ser complementada, con un aspecto de tipo psicológico y mental, que tiene que ver, con una actitud de seguridad y desafío, no de sumisión y de entrega.

La posición básica en movimiento

Ponemos en acción, la posición básica, cuando avanzamos armónicamente, coordinadamente, hasta situarnos a una distancia prudente del rival.

- Siempre una pierna debe ir adherida al suelo, más adelantada que la otra. El peso del cuerpo debe recargarse sobre la pierna de atrás, para dar facilidad de movimientos a la que está adelantada.

Correcta ubicación de los defensas

- La ubicación correcta es aquella en que se da el frente al adversario, siguiendo su línea de proyección hacia nuestro arco, al cual obviamente debemos darle siempre nuestra espalda.

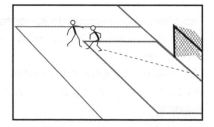

Posición de las piernas

- Es importante recordar, que en nuestra actitud de espera, debemos retrasar la pierna del mismo lado que el adversario trae la pelota. Si la conduce, por ejemplo, con su pierna izquierda, debe ser nuestra pierna derecha la que se retrase. Cuando la cambie a su otra pierna, respondemos de inmediato llevando hacia atrás la que corresponda, en un suave movimiento de aleteo. El tener una pierna más adelantada que la otra, nos permitirá "atacarle el balón", en el instante preciso en que la acomoda o se descuida.

Defender agresivamente

- Pese a que el oponente, por tener la pelota, tiene la iniciativa, un defensa debe mostrarle que no le tiene miedo. En vez de adoptar una actitud pasiva, debe complicarle su tarea, haciéndole fintas, amagues, y básicamente, atacándole el implemento. El objetivo es tenerlo preocupado y no dejarlo pensar.

Ejercicios para adiestrar la posición básica

Ya conocemos la posición básica de los defensas y su actitud frente a los atacantes. Ofreceremos algunos ejercicios simples para perfeccionar sus maniobras. Esto es el abecé de su trabajo táctico fundamental y debemos destinarle entre 10 y 15 minutos diarios. Tan útil es hoy, tener un excelente manejo de la pelota, como dominar los fundamentos técnico-tácticos defensivos recién señalados.

1. Objetivos: Dominio del correcto retroceso.
    a) En un terreno de quince metros de amplitud, se sitúan parejas frente a frente. Un jugador avanza simulando conducir una pelota. Lo hace pausadamente. Su compañero, que adopta la actitud defensiva, retrocede. No salta, no tiene las piernas abiertas. Una de ellas está más adelantada que la otra. Imita la acción defensiva de los jugadores de baloncesto cuando se desplazan, ya que sus piernas están permanentemente en contacto con el suelo. Al llegar a la línea de

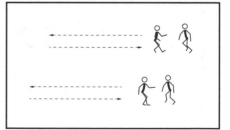

fondo, su compañero, le hace las críticas positivas y negativas del caso. Luego cambian funciones.

b) Las parejas repiten el mismo juego, pero esta vez, uno de los jugadores lleva una pelota en sus pies, con la cual hace fintas suaves y coordinadas. Al finalizar el recorrido se insiste en la crítica, que ayudará a corregir defectos y enmendar errores, tanto como acentuar las virtudes. Este ejercicio elemental tiene su máxima gradación, en la velocidad de conducción de quien lleva la pelota: al principio caminando, luego trotando, finalmente en plena ejecución veloz. Semanas después, en realidad de juego.

c) En un cuadrilátero de diez metros de largo por cinco de ancho, con sus respectivas porterías, un atacante trata de convertir goles en el marco contrario. Se opone, ejercitando su dominio corporal, un defensor, cuando logra ganar el esférico se transforma inmediatamente en atacante. Así sucesivamente. Esta es una acción muy intensa, sin pausas, por lo tanto, cada minuto, los participantes son reemplazados por auxiliares de refresco que permanecen detrás de las porterías. Podemos observar en este juego básico, la clásica transferencia tan característica del fútbol moderno, es decir, jugador que defiende y recupera la pelota, se transforma en atacante. A la vez, quien ataca y lo pierde, se pone el ropaje defensivo. Este juego fundamental otorga las primeras armas básicas a los defensas laterales-volantes para conseguir su propósito.

d) En un terreno similar al de una cancha de fútbol, el zaguero lateral, enfrenta, de uno en uno, a una columna de atacantes, todos con balón. Empieza su acción, en su posición habitual, es decir, abierto cerca de la línea de cal. Después

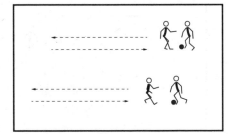

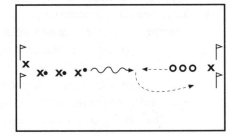

de cinco o seis intervenciones, es reemplazado por un auxiliar. Es muy importante entrenar a los jugadores, en el terreno o zona, en que realizan su acción en un juego.

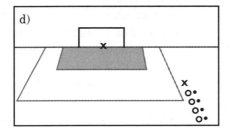

2. Objetivos: Marcación y anticipación
   a) En un terreno de diez metros de largo por cinco de ancho, trazamos una línea que lo divida en dos partes iguales. En cada sector se sitúa un jugador con camiseta negra, y otro, con uniforme blanco. Naturalmente los colores pueden variar totalmente. El juego consiste en que los compañeros blancos deben tratar de hacerse pases entre sí, cuando tengan el esférico, mientras los oponentes tratan de impedirlo. El hacerse un pase vale un punto. Puede jugarse hasta completar 10 puntos de cada lado.

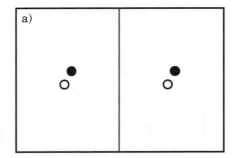

b) Facilitamos el accionar de los jugadores, cuando ubicamos en cada lado, dos jugadores identificados por ejemplo con el color negro, y dos, con color blanco. Como es fácil comprender, antes de hacer un pase a sus compañeros del bando opuesto, para anotar un punto, los integrantes de un mismo sector, pueden hacerse pases entre ellos mismos. Apenas consiguen una entrega al sector opuesto marcan un punto.

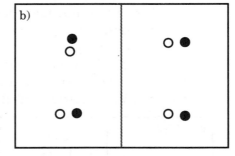

c) Agrandamos un poco el terreno, para el ejercicio siguiente: en el sector A se sitúan dos jugadores con uniforme negro y uno con blanco. En el B, dos con camiseta blanca y una negra. Se anota un punto, cuando un bando hace un pase a su compañero del sector opuesto. El problema táctico es más difícil para los jugadores solitarios de cada sector, porque por un lado deben impedir el libre funcionamiento de la pareja de su propio sector, y por otro, cuando tienen la pelota sus compañeros del sector opuesto, debe esforzarse por eludir la marca y lograr un espacio para ser habilitado. Todos estos juegos de marca y anticipación son bastantes inten-

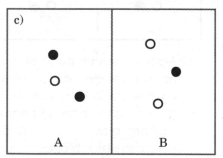

c)

A   B

sos, y cada dos minutos, deben otorgarse pausas necesarias.

d) Sobre la misma idea anterior, utilizamos el área grande de un campo de fútbol, o bien un terreno de dimensiones similares. Situamos esta vez a tres jugadores con camiseta negra y una blanca en el sector A, y a tres con camiseta blanca y una negra en el B.

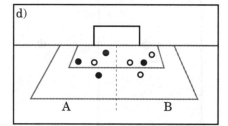

d)

A   B

Tanto este juego como el anterior recomendamos ejecutarlos primero con la mano, y finalmente con el pie. Es necesario insistir en que los jugadores no pueden pasarse al sector opues-

to, traspasando la línea divisoria central. Generalmente se juega a diez puntos por lado.

e) La máxima expresión de este juego, que hemos utilizado desde hace muchos años, con el nombre de "el espía", consiste en ubicar en cada sector dos espías y tres rivales, con lo que se logra el máximo de intensidad.

¿Qué aspectos futbolísticos estamos adiestrando en los jugadores con esta serie de juegos recién expuestos?

Muchísimos. Marca, desmarque, movilidad permanente, seguridad en la entrega, visión periférica para observar las evoluciones de los compañeros de equipo del lado o sector opuesto. Finalmente pase fuerte y preciso a uno de ellos, que no significa otra cosa que la exactitud del pase en profundidad, tan característico del fútbol moderno.

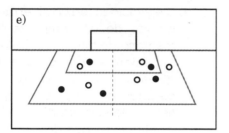

f) Perfeccionamos el concepto de anticipación, tan característico de los zagueros laterales, en un cuadrilátero de cinco metros por lado, en cuyos vértices, se sitúan jugadores sin balones, que actuarán como auxiliares. Dentro del terreno, un jugador conduciendo una pelota, es marcado y obstaculizado por un oponente.
Cuando por circunstancias del juego, el participante que lleva el esférico se vea apremia-

do, corre hacia cualquier auxiliar, entregándoselo, y corre luego a un espacio libre para recibir su devolución. El marcador trata de impedir la recepción. Como este es un juego muy intenso, los auxiliares deben reemplazar, en su turno, a los titulares que están dentro del terreno.

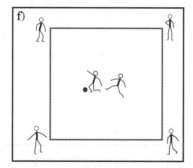

g) Se realiza una interesante innovación de este juego, cuando hacemos alternar dentro del cuadrilátero a dos compañeros de un mismo bando, que

son marcados, perseguidos y anticipados por un bando de dos rivales. Cada equipo se hace el mayor número de pases entre ellos, pero, cada vez que es necesario se apoyan en los auxiliares, y se desmarcan a espacios libres. En el mismo juego, podemos hacer una variante, situando a los auxiliares en el centro de cada lado y no en las esquinas.

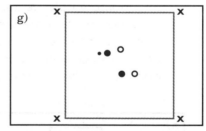

h) Ofrecemos una modalidad muy útil de marca y desmarque, agregando ese elemento esencial del fútbol, llamado remate, antesala del gol. En el

107

área pequeña de un campo reglamentario, situamos dos porterías con dos zonas inviolables propias de los defensores del marco, que estarán marcadas por una línea. En ellas no podrán ingresar los jugadores, que deberán limitarse a accionar en su sector C.

Esta es una lucha individual intensa. El que tiene la pelota debe buscar convertir goles, el otro marca y trata de impedirlo. El jugador que hace el gol se posesiona nuevamente del balón. Cada minuto, cambian de función y tienen descanso.

i) En una variante muy similar, actúan en el mismo campo, en el sector C, dos equipos integrados por dos jugadores cada uno, que naturalmente se apoyan entre sí, con la oposición de sus rivales. Sugerimos para dar mayor velocidad y variación a este juego, emplear por algunos instantes las manos y en otros, los pies. Los remates, cuando se emplean las manos, pueden ser ejecutados con las propias manos o con los pies.

3. Objetivos: Práctica de la posición específica y de las salidas de los zagueros laterales-volantes.

a) El ejercicio se realiza en el área grande de un campo reglamentario de fútbol. Los defensas laterales derechos e izquierdos son atacados por oleadas de delanteros, que tienen plena libertad para elegir el camino que deseen, sea por dentro o por los flancos.

Los zagueros laterales-volantes, cuando interceptan o recuperan una pelota, se apoyan en el líbero o en un volante, con una pared larga para irse al ataque.

Del mismo modo, si los delanteros eluden a sus defensores y consiguen rematar, ambos defensas laterales deben abrirse y "mostrarse" para iniciar una salida. La misma acción deben realizar todos los integrantes del bloque defensivo. Lo esen-

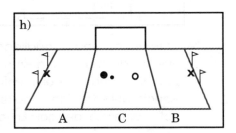

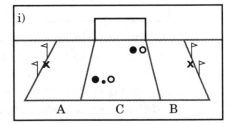

cial es crearle al portero, que en ese instante tiene la pelota en sus manos, muchas posibilidades de pases, para iniciar la salida.

Es el momento de recordarle a todos los defensas específicos: líberos, zagueros laterales, stoppers y volantes de contención, que una de sus misiones esenciales y prácticas es QUITAR Y ENTREGAR. En ningún caso quitar y avanzar ni tampoco quitar y driblar. El mejor argumento es, repetimos, quitar y entregar.

b) Utilizamos la mitad de la cancha en forma transversal, con sus correspondientes porterías, para habituar a los zagueros laterales a recibir, avanzar, y cuando es posible, rematar.

El portero No.1 habilita al zaguero lateral, quien después de recibir se apoya en el volante (V1) quien también se la devuelve con una pared. Sigue avanzando hasta enfrentar al defensor (D1) a quien elude con otra pared, apoyándose en otro compañero (V2), después de lo cual se abre para hacer un cen-

tro medido, o bien se dirige en diagonal a enfrentar directamente al portero.

El portero No. 2 habilita al mismo zaguero para que en la misma forma comience el camino de regreso, después de lo cual, descansa, mientras otro defensa lateral inicia idénticas maniobras.

c) En la acción anterior, los zagueros laterales practicaron su clásica salida por las orillas de la cancha. En el ejercicio siguiente lo haremos actuar, atacando directamente en una situación diferente. Utilizamos la mitad de un campo reglamentario de fútbol. La maniobra la inicia el zaguero lateral (ZL) ubicado en la mitad de la cancha. Entrega el esférico a V1 e inicia una carrera hacia adelante. V1 entrega a V2 y éste hace un pase profundo a ZL, que al recibir, avanza hasta

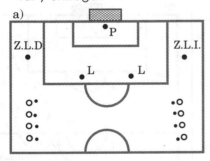

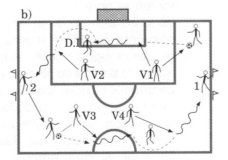

la línea de fondo. Simultáneamente a la acción iniciada en
un costado de la cancha, par-
ten hacia el área rival, una pareja de delanteros que entre-
cruzan su camino, primero lentamente y después a toda velocidad para desorientar a los
defensores rivales. Estos delanteros, que van cambiando de
posición a cada instante, reciben el centro inteligente del
ZL. Hemos insistido en "el centro inteligente", medido, ajus-
tado, preciso.

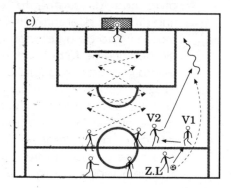

c)

Apenas, el ZL termina su recorrido, otro grupo inicia la misma tarea. Este grupo está integrado por otro ZL y por otros
delanteros, que avanzan sin-
cronizadamente. Casi resulta
innecesario agregar, que esta
maniobra se realiza utilizando
ambos costados de la can-
cha, el directo y el izquierdo, simultáneamente.

d) Un movimiento complementa-
rio que los zagueros laterales
deben tener en cuenta puede
ser el siguiente: el ZL después
de haber sido habilitado por
V2, no se abre hacia el fondo
de la cancha; se dirige diagonalmente hacia el marco a
buscar la jugada final. Naturalmente si se cierra, uno de los
delanteros se abre, para mantener el equilibrio de ataque.
Sobre todo este esquema de
ataque de los zagueros laterales-volantes que hemos ex-

puesto, pueden idearse muchísimas variantes, como colocar defensas tanto a la acción
del defensa que avanza, como en el centro del marco, para evitar remates; o bien ubicar
jugadores pivots o pantallas en
los que puedan apoyarse todos los jugadores que atacan.
Cuando ofrecemos movimientos claves o clásicos a los zagueros laterales-volantes, les
estamos apenas, abriendo las
compuertas de su iniciativa y
creatividad.

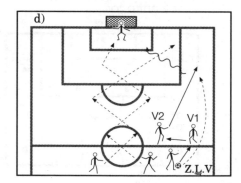

d)

FÚTBOL DIRIGIDO

Objetivos: Enfatizar en algunos aspectos tácticos que se refieren a la posición del zaguero-lateral-volante.

Previamente, llevamos a nuestros jugadores a una pizarra portátil, que puede ser reemplazada por lámina o dibujos, y les mostramos las ideas básicas que practicaremos.

a) **En lo defensivo**: pondremos énfasis en lo que podríamos llamar "despejar el área" y que se refiere a los lanzamientos de esquina (corners) y a los tiros libres.

Pedimos, en los tiros de esquina, que apenas cualquiera de nuestros jugadores haya rechazado la pelota, hacia adelante, todos, absolutamente todos deben salir corriendo hacia adelante. La orden puede darla el portero: ¡Fuera! Es una forma de dejar fuera de opción de juego a los atacantes, los que deberán retroceder hacia el medio del campo por obligación.

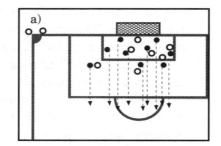

El otro movimiento defensivo que muestra el "E" a sus jugadores se refiere a los tiros libres. Cuando ya está conformada la barrera con los hombres más altos del equipo, y cuando el resto de los defensores y volantes estén cubriendo zonas o marcando hombre, todos deberán concentrar su atención en el hombre que va a realizar el servicio. Una fracción de segundo antes que golpee la pelota, todos deberán salir corriendo hacia adelante tan velozmente como puedan. Todos en el instante preciso. Ni antes ni después. El "E" deberá hacer las consideraciones reglamentarias que favorecen este movimiento. Les dirá que es muy complicado y peligroso, jugar la defensa en línea y el fuera de juego, como sistema permanente, pero aclarará, que en los tiros libres si existe la necesaria concentración colectiva, puede ser muy útil.

Agregaremos que en el partido de fútbol de entrenamiento que vamos a iniciar pondremos especial cuidado en la recuperación de la pelota en el medio campo. Mostraremos en la pizarra, que lo haremos en forma colectiva, para lo cual deberemos estar todos juntos formando un verdadero bloque.

b) **En cuanto a los aspectos tácticos ofensivos simples**, que trataremos de cumplir, insistiremos que lo primero será abrir la cancha para crear más espacios de ataque y dar oportunidad a que avancen nuestros zagueros laterales-volantes, precisamente, por las bandas. Daremos especial énfasis en rematar tantas veces como sea posible, apenas lleguemos a las cercanías del área. Expuestos los criterios ofensivos, les recordaremos, antes de ir a la cancha, que todos los objetivos serán más fáciles de conseguir, si respetamos los dos aspectos fundamentales del fútbol. Lo primero: cuidar la pelota, asegurarla, no regalarla. Lo segundo: ayudar siempre al jugador en posesión de la pelota. Acompañarlo. Jamás dejarlo solo. Pero si se pierde por alguna razón, recuperarla lo antes posible.

DESPUÉS DEL PARTIDO DE PRÁCTICA

¿Qué hemos aprendido hoy?

En la fase denominada "vuelta a la calma", recomendamos empezar a caminar rodeado de los jugadores, alrededor del campo, en una conversación que puede ser de mucha utilidad:

- ¿Cuáles fueron las principales dificultades que tuvieron en el aprendizaje del dominio corporal? ¿El retroceso? ¿El atacar la pelota?

- ¿Los zagueros laterales-volantes deben subir a atacar cada vez que tengan la pelota o en situaciones especiales?

- ¿Cuáles son las coberturas más habituales?

- ¿Cuál es su ubicación en los tiros de esquina?

- ¿Qué significa "el bloque" en el esfuerzo colectivo de recuperar la pelota?

Las preguntas deben ser precisas. Las respuestas claras.

Les invitamos a conocer en las páginas siguientes, el entrenamiento de los *stoppers*, personajes importantes que han aparecido en el fútbol moderno.

EL STOPPER

INTRODUCCIÓN

Puede llamársele *Stopper*, o parador, o cuarto defensa u hombre de cierre. En cualquier caso, es un personaje del fútbol moderno. No aparece su nombre en la literatura futbolística que estudia la historia de los sistemas.

¿Cuándo surgió?

Después de la Copa del Mundo Argentina 1978. Un año más tarde, se reunieron en Landershein, Alemania, los más connotados pedagogos de Alemania y Francia. Se hicieron dos preguntas básicas: "Si Brasil y Argentina han ganado hasta ahora (1978) cuatro Copas del Mundo empleando defensas zonales, ¿hasta cuándo vamos a estar nosotros, los europeos, aferrados a inflexibles marcajes individuales?". Pregunta vital, objetiva, determinante. Pero había otra: "¿No es verdad que de tanto gastar energías en marcar, estamos anulando como consecuencia, nuestro propio talento?".

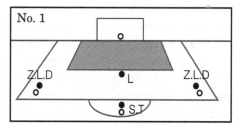

Desde allí para adelante surgieron y maduraron en todo el mundo las llamadas defensas zonales. Zonales en su concepción de no andar persiguiendo hombres por todas partes. En el fondo son mixtas, porque esperan en zona, pero marcando fuertemente al hombre con la pelota en los pies. Recordemos que hasta entonces la generalidad de los elencos del mundo utilizaban tres delanteros. Si los zagueros laterales tenían la misión específica de custodiar a sus respectivos punteros, alguien debía en el naciente sistema zonal, encargarse del punta de lanza u hombre en punta rival. Es evidente que

había varias respuestas para el problema. O destinarle decididamente un defensa que lo parara y custodiara, como se muestra en la fig. 1, o bien, organizar un dispositivo defensivo con dos centrales. Si avanzaba por el lado derecho, le salía al paso el central izquierdo y el derecho le cuidaba la espalda actuando como hombre de cierre. Lo mismo acontecía cuando el delantero en punta, avanzaba por el lado opuesto. Fig. Nº2.

Sin embargo, la gran mayoría prefirió lo más seguro y de menores complicaciones y destinó un marcador definido

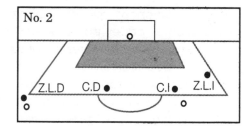

sobre el hombre en punta. Paralelamente surgió un interesante fenómeno futbolístico. Asegurado el marcaje de los tres hombres de avanzada, para ganar fuerza ofensiva, los equipos situaron cuatro o cinco volantes en el medio campo. El mundo entero se confundió. ¿Cómo, cuatro volantes? ¿Es que quiere volverse al fútbol superdefensivo? Pronto desapareció uno de los delanteros. La base del sistema 1-4-4-2 se generalizó en todo el mundo. Como era necesario recuperar el equilibrio ofensivo, los zagueros laterales se convirtieron en verdaderos hombres de medio campo, pero, esto solo podía ocurrir, si alguien se encargaba de los hombres en punta adversarios.

De modo entonces, que los *stoppers* consolidaron su papel, por la urgente necesidad de que jugadores de otras posiciones adoptaran un ropaje ofensivo, por ejemplo los zagueros laterales-volantes y los volantes de contención.

Hemos dicho, que la gran mayoría de los elencos de alto nivel, ubicaron solo dos hombres en su vanguardia. Fue como una ley universal. Empezaron algunas confusiones. ¿A cuál de ellos debía custodiar el solitario *stopper* de las alineaciones habituales? Porque, la función del líbero, como mecanismo de seguridad era intocable. A nadie se le iba a ocurrir, prescindir del líbero para marcar al otro hombre en punta. Era un problema que tenía una sola solución. Agregar otro *stopper*. Y así fue. Por lo tanto, llegamos a la conclusión de que por obra y gracia de la necesidad de recobrar el equilibrio ofensivo del fútbol, aparecieron dos *stoppers* en vez de uno, como observamos en la fig. 3.

Es un fenómeno futbolístico de explicación simple. "Si deseas atacar a fondo, debes tomar primero, adecuadas precauciones defensivas". En otras palabras, no es posible pretender un alto nivel ofensivo, si previamente, no existe una sólida organización defensiva.

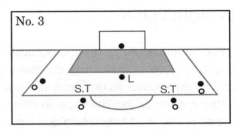

Precisamente el líbero y los dos *stoppers*, proporcionan esa seguridad tan imperiosa y determinante.

El *stopper* o los dos *stoppers* fueron creciendo en dimensión en la década de los años ochenta, a tal punto que incluso en las contiendas juveniles oficiales de FIFA en Seúl 1988, en Arabia Saudita 1989 y en la Copa del Mundo Juvenil Portugal 1991, la presencia de estos nuevos y sacrificados personajes del fútbol llamados *stoppers* hombres de lucha y de cierre, se hizo inconfundible.

Dentro de los esquemas defensivos actuales, los *stoppers*, son los menos indicados para incursionar como atacantes. El triángulo de "seguridad ante todo" lo integran el líbero y los *stoppers*.

El contra-ataque, arma mortal del fútbol de todos los tiempos, continúa en plena vigencia, hoy más que nunca, y los encargados de neutralizarlo son precisamente estos modernos personajes del fútbol.

CUALIDADES DOMINANTES DE LOS STOPPERS

1. Técnicas o destrezas más usadas

- Rechazos: - Cabeza - Voleas - Semivoleas	Marcaje perfecto - Dominio corporal - Anticipación - Barrida	Pases: - De salida - En profundidad - Cambio de juego	Juego de cabeza: - Defensivo - Ofensivo	Trabonazo

2. Cualidades físicas dominantes

Velocidad

- Para mantener la regularidad y precisión del marcaje.
- Para realizar las coberturas largas y cortas.
- Para reaccionar ante las situaciones imprevistas.

Resistencia:

- Para mantener el ritmo del marcaje.

Fuerza-potencia:

- Para mantener la precisión y justeza de sus saltos, de sus trabonazos y en la disputa reglamentaria hombro contra hombro del esférico.

3. Madurez táctica

Que tiene relación con los siguientes aspectos:

a) Dominio corporal.
b) Anticipación.
c) Con el instante de atacar la pelota al rival.
d) En la inteligencia de sus cierres cuando el líbero abandona su posición.
e) En sus intervenciones en los tiros de esquina.
f) En su ubicación en las barreras.

EJERCICIOS PARA EL ENTRENAMIENTO DE LOS *STOPPERS*

Ejercicios que pueden servirle a manera de calentamiento previo

1. Utilizando la mitad de la cancha, para controlar mejor sus movimientos, los jugadores conducen el esférico, golpeándolo con los bordes internos y externos de cada pie.

2. Toman el esférico con la mano, lo lanzan hacia arriba y corren a controlarlo, en la forma que mejor acomode su descenso: con los muslos, pies, pecho, cabeza.

3. Los jugadores lanzan la pelota por debajo de sus piernas abiertas y corren a controlarla.

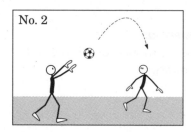

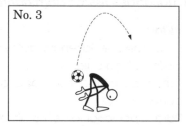

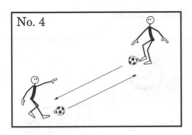

4. Los jugadores forman parejas que separándose diez metros, intercambian simultáneamente sus respectivos balones.

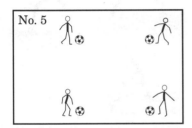

5. Cuatro jugadores forman un cuadrado de cinco metros, por lado, quedando los balones como puntos de referencia. A una orden del "E", cada uno corre a media velocidad, hasta el balón siguiente. A otra orden vuelven al puesto inicial. A una última orden, dan la vuelta completa al circuito, hasta que encuentran su punto de partida. Se aumenta, poco a poco la velocidad.

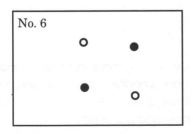

6. Una pareja juega contra otra, imitando las maniobras del baloncesto, usando naturalmente las manos.
   Variantes:
   - Lo mismo con el pie.
   - Haciendo una finta antes de entregar la pelota.
   - Marcar goles en porterías pequeñas hechas con conitos.

- Jugar con las manos y hacer goles con la cabeza.

7. Por parejas, como breve descanso, los jugadores hacen malabarismos con una pelota que intercambian constantemente.

8. Los jugadores forman tríos. Un trío juega contra otro haciéndose pases con los pies, con la idea de movilidad. Se entrega y se corre.

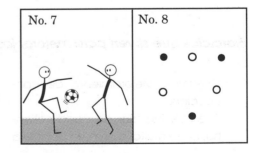

9. Todos los jugadores se ubican en dos columnas separadas por cinco metros. A cada orden del "E", los integrantes de la columna A, pasan a la B y viceversa, siguiendo la gradación que se indica:

a) Desplazándose con saltos laterales.

b) Avanzando a media velocidad.

c) Retroceso marcando a un rival imaginario.

d) Saltando en la pierna derecha.

e) Regreso caminando de espaldas.

f) Saltando en la pierna izquierda.

g) Intercambios a media velocidad.

10. Desde la posición tendidos de espaldas, los jugadores se sientan llevando fuertemente las rodillas al pecho

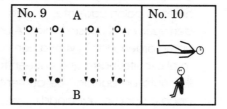

11. Elongaciones.

Ejercicios que sirven para mejorar las destrezas de los stoppers

1. Objetivos: Mejoramiento de conducción.
El primer jugador de cada columna, corre hasta la primera pelota, la conduce con el pie hasta la segunda, donde la deja; toma allí esa segunda pelota y la conduce hasta donde estaba la primera, después de lo cual, corre a tocar la mano del compañero siguiente para que inicie el mismo recorrido. Hay una columna ganadora.

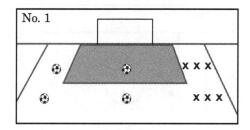

No. 1

2. Objetivo: mejorar la técnica del dominio corporal.

En el área pequeña, frente a la portería custodiada por un especialista, se sitúa un conito. El *stopper* está de pie, junto a la línea de gol. A una orden del "E", corre hasta el cono, lo toca, regresa al punto de partida, y desde allí sale a marcar a un rival que avanza con pelota.

todas las variedades de entregas que le hacen por porteros.

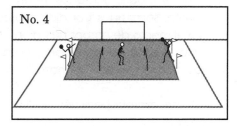

No. 4

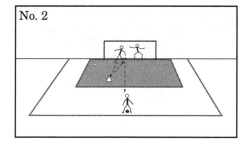

No. 2

3. Objetivo: practicar la seguridad de los rechazos.

El *stopper* está debajo de los tres palos. Cinco jugadores le rematarán ordenadamente desde diversas ubicaciones. El *stopper* naturalmente no podrá emplear sus manos. También podemos pedirle que trate de devolver los envíos a los mismos jugadores que los hicieron.

5. Objetivo: velocidad en el cambio de frente y remates.

En el área pequeña, se ubican dos porterías con sus respectivos guardianes. Frente a ellas, dos columnas de pelotas, que el *stopper* debe rematar sin pausas, una de cada lado.

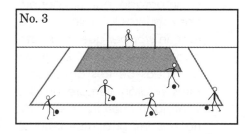

No. 3

4. Objetivo: perfeccionar el salto y remates.

En el área pequeña, después de saltar las respectivas vallas, remata

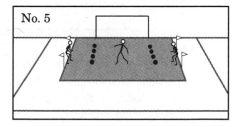

No. 5

6. Objetivo: velocidad de reacción y trabonazo.

Dos *stoppers*, sentados frente a frente, separados por diez metros. En el medio de ambos un balón. A una señal se ponen de pie y tratan de ganarla en un trabonazo.

7. Objetivos: recuperación de la pelota.

En un terreno limitado, cinco jugadores conducen cada uno un esférico que tratarán de mantener a toda costa, porque un *stopper* trata-

rá de sacarlas fuera del terreno, hasta que no quede ninguno.

8. Objetivo: adiestrar la anticipación. Se utiliza la mitad de la cancha. En el círculo central, el entrenador trata de habilitar con pelotas

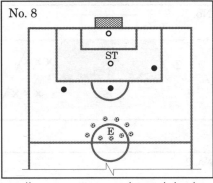

altas o rasas, a tres delanteros que se desplazan a la entrada del área. El *stopper* trata de anticipar cada una.

Ejercicios para perfeccionar la madurez táctica de los stoppers

Entrenamiento de sus movimientos esenciales.

1. Objetivos: adiestramiento de las coberturas.

Hemos señalado anteriormente que en la utilización de defensas zonales y mixtas, hay dos principios que determinan su éxito:

a) Cuidar la espalda del hombre que sale a marcar al rival que está en posesión del esférico.
b) Formar una diagonal defensiva con respecto al hombre con balón.

Por eso, este ejercicio básico lo realizamos desde la mitad de la cancha hacia adelante.

Formamos un bloque defensivo integrado por un portero, dos zagueros laterales, un líbero y un *stopper* que serán atacados en oleadas sucesivas por líneas de tres adversarios. Estos estarán siempre en desventaja numérica, pero, ello no nos importa mayormente, porque lo que queremos es practicar los principios antes señalados.

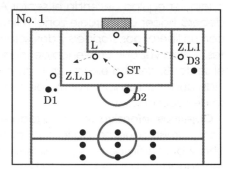

No. 1

En el primer ejercicio ataca por la izquierda el delantero D1. El líbero L de inmediato se desplaza hacia ese sector por si tiene que intervenir. Entonces, el stopper, ST, abandona momentáneamente la custodia del delantero D2, y retrocede. Naturalmente el zaguero lateral izquierdo, ZLI, se cierra sobre el área para cubrir cualquier emergencia.

2. Objetivos: práctica de cierre de los *stoppers* y de los zagueros laterales. Formamos un bloque defensivo, integrado por el portero, un líbero, los dos zagueros laterales. Delante del líbero, marcando al hombre en punta está el *stopper*. Este bloque será atacado por cuatro hombres: tres de avanzada y un volante. Insistimos que deseamos destacar en este ejercicio, que lo importante es cubrir la zona del líbero cuando este la abandona por circunstancias del juego.

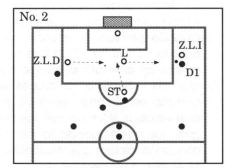

No. 2

Delantero 1 (D1) con la pelota está atacando al zaguero lateral de ese lado (ZLI). La primera pregunta es

simple: ¿debe el zaguero lateral derecho quedarse pegado a su hombre? ¿No sería más sensato que lo suelte y se cierre? Debe hacerlo porque hay dos acciones complementarias más: el líbero, como es natural, debe desplazarse hacia el lado en que está la pelota, y el *stopper*, debe retrasarse a cubrirle la espalda. Lo importante es el lugar donde está la pelota. Sobre esta base se realizan los movimientos que hemos señalado.

3. Objetivos: Coordinar los movimientos de ambos *stoppers*. El delantero uno (D1) tiene la pelota. En pro-

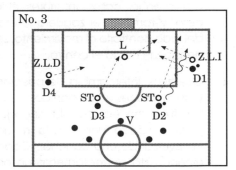

No. 3

123

cura de recibir su entrega, el D2, custodiado por el *stopper* 1, se desmarca hacia la orilla. Como puede apreciarse, en este caso, el peligro real está en el sector derecho. Es por eso que el *stopper* corre junto al delantero que puede recibir la entrega de D1. ¿Qué deberá hacer el otro stopper, el que marca a D 3? Si este también se dirige hacia la derecha, lo que parece improbable, obviamente debe seguirlo, porque la pelota y el peligro están en ese sector. Si por el contrario D3, queda flotando en el medio campo, y no representa ningún peligro ¿para qué seguir en su custodia?

Como en los casos anteriores, el líbero, y también el zaguero lateral del lado contrario al movimiento, se desplazan hacia el centro.

4. Objetivos: intercambio de posición y de funciones en un partido.

Se sitúan tres equipos de cinco jugadores cada uno, en la mitad transversal de una cancha. Cada elenco está perfectamente uniformado. Uno tiene camiseta negra, otro blanca y el restante, uniforme con una raya cruzada.

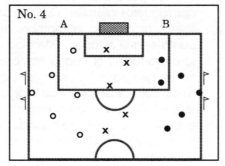

La dinámica del juego es simple. Atacan las cruces a los negros. Cuando pierden el esférico, sea porque convierten un gol, o porque se los arrebató el equipo negro, de inmediato las cruces se quedan en la zona defensiva en que estaban y ahora son los negros, los que teniendo la pelota atacan a los blancos, repitiéndose el mismo procedimiento.

Hacemos más táctico este juego, cuando damos objetivos a cumplir.

Objetivo general: Asegurar la pelota, no arriesgarla, no perderla.

Objetivos defensivos: Cada vez que cualquier equipo defienda el sector A, deberá hacer un marcaje zonal-mixto, con un líbero, dos *stoppers* y dos volantes. Cada vez que un elenco defienda el sector B, deberá ejercer un marcaje individual, con un líbero como elemento de seguridad.

Objetivos ofensivos: Los jugadores con camiseta negra abrirán la cancha y buscarán centros precisos e intencionados. Los de camiseta blanca también abrirán la cancha, pero, para conseguir espacios, deberán ejecutar cambios de juego. Los jugadores con uniforme cruzado buscarán paredes y remates. Los porteros permanecen en sus marcos, no intervienen en las rotaciones.

Este juego permite a los *stoppers* repasar muchas facetas de su trabajo habitual. Y a todos los participantes les exige "jugar pensando", peldaño fundamental para formar la necesaria mentalidad táctica.

FÚTBOL DIRIGIDO

Con la ayuda de una pizarra o de láminas previamente preparadas, el "E" explica las ideas tácticas elementales que se practicarán en el entrenamiento a jugarse.

Aspectos defensivos

1. Retroceso rápido de todos los medios volantes hasta la zona que se ha elegido para esperar al rival: en la mitad de la cancha, a la entrada del área defensiva, etc. El propósito es concentrar rápidamente fuerzas y darle al bloque la dinámica necesaria.

2. Se insistirá en la práctica, en la posición clave de nuestros últimos defensores, cuando nuestro equipo está atacando. La norma más sensata es tener un defensa más, que el número de atacantes en punta que tenga el oponente. El líbero nos ayuda a mantener esa vital superioridad numérica. El marcaje de nuestros stoppers sobre los hombres en punta debe ser estricto, milimétrico. No se puede dar ventajas, cuando se quiere frenar el contraataque.

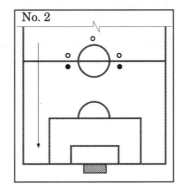

3. En algunos minutos del entrenamiento, hacemos jugar a un equipo con solo diez hombres, tanto si estuviéramos ganando, como si fuésemos perdiendo. Los niños deben saber la forma de sacar ventajas del hombre libre que nos queda.

4. Practicaremos también formar nuestra barrera en el menor tiempo posible.

Hay porteros que toman como punto de referencia para organizar su barrera, justo la mitad del marco, en línea imaginaria recta hasta la pelota. En la intersección empiezan a colocarse los niños más altos del conjunto. El portero debe ver siempre la pelota. Otros hacen la línea imaginaria desde el balón al vertical más cercano. En nuestro entrenamiento, apenas castiguemos con un tiro libre, le damos diez segundos, a nuestra defensa para formar la barrera, bajo la dirección del portero.

Aspectos ofensivos

1. Práctica constante de las salidas rápidas. ¿En cuántos pases podemos atravesar la mitad del campo? Sale nuestro bloque defensivo con la velocidad necesaria? ¿Salimos con pases seguros, sin "rifar" ni arriesgar la pelota? ¿Qué ocurriría si nuestro equipo está saliendo y uno de nuestros defensas regala la pelota al rival?

2. Practicaremos una jugada de tiro de esquina. Por ejemplo, el lateral recibe del hombre que hace el servicio, toma la línea de fondo, desde la cual, busca un centro al segundo palo, lejos del portero.

3. Aprendizaje de una jugada de tiro libre para evadir la barrera. Frente a ella, con pelota el jugador Nº1. Frente a este hombre el No. 2. Al pitazo del juez, No. 1 pasa el esférico por debajo del No. 2. Corre No. 3 a recibir el servicio y habilita al No. 4 para que remate. Es una acción simple con movimientos que distraen al rival.

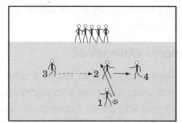

VUELTA A LA CALMA

El entrenador rodeado por su equipo camina lentamente dentro del campo, mientras formula preguntas relacionadas con la práctica que acaba de finalizar.

-¿Qué será mejor para nuestro conjunto: utilizar uno o dos *stoppers*?

-¿Tenemos los hombres con las condiciones apropiadas para esa posición?

- ¿El *stopper* debe esperar que el adversario se posesione de la pelota o debe tratar de anticiparlo? ¿Por qué?
- ¿Deben los *stoppers* marcar siempre a los hombres en punta rivales, como si fueran estampillas, o a veces, deben soltarlos y hacer otro tipo de cierres? ¿Cuáles serían esos cierres?
- Cuando su equipo está dominando ¿cuál es la posición fundamental de los *stoppers*, para frenar el contraataque oponente?

Al finalizar el entrenamiento de estos personajes de marca, tan vitales en el rodaje defensivo de un equipo, les invitamos, en las próximas páginas a conocer el entrenamiento de los volantes de contención, con un poco más libertad que ellos, pero con iguales responsabilidades defensivas.

VOLANTES DE
CONTENCIÓN

INTRODUCCIÓN

A través de toda la historia del fútbol, las grandes batallas técnicas y tácticas se han desarrollado en el centro del campo. Es allí donde se gestan los grandes avances y las mejores llegadas de los delanteros. Ha sido zona vital de creación y organización a través de todas las épocas. Lo fue en el sistema clásico cuando los inolvidables "halfs" eran el enlace obligado entre la dupla defensiva y los cinco hombres de vanguardia. Lo fue con más propiedad cuando la W M puso en vigencia el cuadro mágico con dos interiores retrasados y dos volantes como lució Brasil en 1958, y dejó al desnudo la presencia de solo dos hombres de enlace. Eran muy pocos hombres para unir a los cuatro de atrás con los cuatro de adelante. Ese equilibrio solo podría solucionarlo una idea substancial: jugar en bloque, todos juntos atacando y todos juntos defendiendo. De no ser así, quedarían muy separadas las líneas de cuatro hombres.

Siempre hubo pausas o períodos de adaptación, cada vez que un sistema derivaba en otro. El recordado 4-3-3 estableció un equilibrio, que en fútbol es fundamental.

No obstante, en 1974, el *pressing*-fútbol, rompió moldes y creó múltiples confusiones tanto de ubicación como de funcionamiento. Desde ese año para adelante, el centro de la cancha, deja de ser exclusivamente el escenario de las grandes batallas de la creación, y se transforma en la zona de las grandes contiendas para ganar o recuperar el esférico. Se confunden allí, en consecuencia, los aspectos destructivos y los creativos. No es raro ver en esa zona a ocho o diez jugadores inteligentemente dispuestos, porque apropiarse del esférico, es el denominador común de la gran batalla. La razón es muy lógica, porque cómo intentar hacer goles si la pelota la tiene el rival.

Esta sensación de lucha centrocampista con muchos actores cumpliendo un libreto, determinó que los jugadores habilidosos de corte eminentemente creativo, tuviesen que aprender a luchar y ponerse ropaje de guerreros para quitar el esférico al adversario. Muchos de estos artistas quedaron a medio camino porque no aceptaron las nuevas imposiciones del balompié. Otros se adaptaron. Cuando se agudizó la presencia de dos hombres en punta, con su función tan difícil y especializada, muchos centrocampistas se refugiaron precisamente en la mitad de la cancha.

Si el líbero tenía tareas directrices tan definidas, como la de los zagueros laterales-volantes, y si además, ya estaba totalmente claro que los *stoppers*, de intenso color defensivo, debían hacerse cargo de los hombres en punta rivales, quedaba flotando en el aire una pregunta, que necesitaba de una rápida respuesta: ¿quién iba a cuidar la entrada del área, esa zona tan vital del balompié?

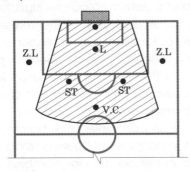

La respuesta era muy importante porque desde hace mucho tiempo, los estudiosos del fútbol habían dejado establecido que existía un área vulnerable a la que había que darle la mayor atención posible.

Dicha área es como una especie de embudo y debe estar permanentemente protegida. Con ese criterio nacieron los volantes de contención, que siendo jugadores con misiones defensivas tan definidas, conservan muchísimo de los volantes clásicos de creación. Son verdaderos creadores con misiones de apoyo en su defensa, y eso los diferencia substancialmente de los *stoppers*, cuya misión como se ha señalado muchas veces, es básicamente destructiva.

Un volante de contención que solo tenga capacidad defensiva estará anulando el equilibrio táctico del equipo. Con la pelota en sus pies, debe organizar salidas seguras y creativas, y a la vez, por la amplitud del terreno que tiene por delante, es el encargado de "ventilar" y dar juego a sus compañeros más adelantados. Debe tener tanta calidad, para quitar una pelota, como insinuar una salida con pases cortos, meter una bola profunda o hacer un cambio de juego oportuno para cambiar de frente. Nada más, nada menos.

Así surgió su papel de absoluto equilibrio. Teniendo cualidades técnicas completísimas para crear y organizar, debe adoptar papeles defensivos, sin descuidar la zona que le han encomendado.

Dos volantes de contención

Un volante de contención

El papel del volante de contención asume diferentes magnitudes, según su equipo actúe con uno o con dos *stoppers*. Si actúa un exclusivo hombre de cierre, es decir, un *stopper*, lo aconsejable es utilizar dos volantes de contención. Si el equipo mantiene dos *stop-pers*, puede ser aconsejable usar uno solo, ubicado precisamente entre sus volantes de apoyo. En fútbol no hay leyes definidas, todo es susceptible de modificación. Todo depende de la calidad y características de los hombres de que se disponga. Usar uno o dos stoppers, y en consecuencia dos o un volante de contención, depende de muchos factores, pero el primero de todos, es el factor humano.

CUALIDADES ESPECÍFICAS DE LOS VOLANTES DE CONTENCIÓN

1. Dominantes técnicas

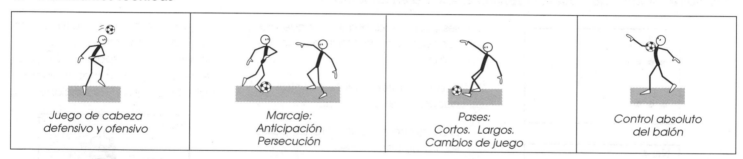

| Juego de cabeza defensivo y ofensivo | Marcaje: Anticipación Persecución | Pases: Cortos. Largos. Cambios de juego | Control absoluto del balón |

2. Dominantes físicas

Velocidad

En la marca, en la anticipación, en la persecución, en las coberturas, en toda intervención.

Resistencia

Para mantener el ritmo de retroceso después de un avance, para acompañar tanto al bloque defensivo, como el ofensivo.

Fuerza-potencia

Para mantener ritmo y precisión en el juego aéreo, en la lucha personal y seguridad en los pases largos y cambios de juegos.

3. Madurez táctica

Que se evidencia en el dominio corporal total en la marca.

En su papel de equilibrio en las faenas defensivas cuidando la entrada del área y en las tareas iniciales de organización creativa. Es el gran ventilador de la defensa.

Coordinación permanente con el funcionamiento de los *stoppers*.

EJERCICICOS

Algunos ejercicios que pueden servirle como calentamiento

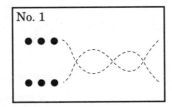

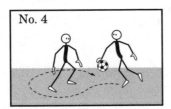

1. Los jugadores por parejas, cada una con una pelota. Trotan, separados por dos metros, se hacen pases con la mano a la vez que cruzándose van intercambiando de columna.

2. Avanzan lateralmente mientras se hacen pases con las manos.

3. Exactamente igual, pero los pases se hacen con los pies.

4. Los jugadores se separan tres metros. Uno de ellos, rebota la pelota con sus manos y da la vuelta en torno a su compañero.

5. El mismo ejercicio anterior, pero conduciendo la pelota con el pie.

6. Un jugador conduce una pelota caminando, mientras lleva un compañero en sus espaldas. Después de recorrer 8 ó 10 metros, jinete y caballo, cambian de funciones.

7. A una orden, una columna completa de jugadores se pone boca abajo, mientras sus compañeros correspondientes los saltan libremente.

No. 7

8. La misma situación, pero el salto se hace con los pies juntos. Como en el caso anterior, las columnas van intercambiando sus tareas.

9. Los jugadores trotan, a un orden del "E", una columna se hinca con apoyo anterior de sus manos. El compañero lo salta primero libremente y luego a pies juntos.

No. 9

10. Frente a cada columna se sitúan balones separados por un metro. Los jugadores deben saltarlos, de uno en uno, primero libremente y más tarde con los pies juntos.

No. 10

| x x x | ⚽ | ⚽ | ⚽ |
| x x x | ⚽ | ⚽ | ⚽ |

Elongaciones

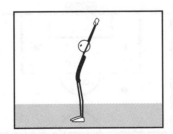

Ejercicios que sirven para mejorar las destrezas de los volantes de contención

1. Objetivos: Mejorar la velocidad, la disputa del balón y el pase largo.

   El juego se realiza en la mitad del campo. Detrás del marco hay una columna de jugadores. En la mitad del campo otra, cuyos integrantes tienen todos una pelota en su poder. A una señal del "E" que está ubicado a la entrada del área, el primer jugador de la columna A conduce en demanda de la portería. De inmediato sale un defensa a quitarle el implemento. Si en la lucha individual gana el atacante debe rematar. Si triunfa el defensa, abre juego largo a un compañero abierto en la mitad del campo. Finalizada cada acción, los participantes cambian de columna, situándose al final de ellas.

2. Objetivos: practicar la movilidad y el acompañamiento a la jugada.

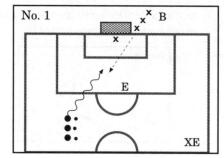

En toda la mitad de la cancha, se forma un amplio cuadrilátero en cuyos vértices está obviamente cuatro jugadores de un mismo equipo. En el medio, dos bobitos o tontitos que tratarán de quitarla.

Al iniciarse la acción, la finalidad básica, es que cada vez que un jugador entrega a un compañero, debe correr a ayudarlo poniéndose a distancia de pase, o sea, mostrándose. Esto mismo deben hacerlo el resto de sus compañeros.

Mientras se aprende la dinámica del juego, el "E" otorga libertad de pases. Más tarde otorga un máximo de dos pases en cada intervención, para llegar finalmente a jugar solo de primera intención, que es una fase muy difícil.

Se establecen reglas simples: cada vez que un jugador hace un pase y se queda estático debe ser reemplazado por un bobito. Cada vez que éste intercepta o simplemente toca una pelota, debe ser reemplazado por el infractor.

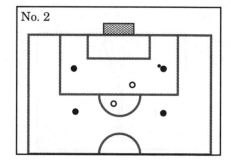

3. Objetivos: Mejorar la movilidad y la seguridad de entrega.

Utilizando todo el área grande, se sitúan dos elencos integrados por tres jugadores cada uno, que deben marcar goles en la meta contraria. En la cancha se observa también la presencia de un jugador que llamaremos "comodín" (triángulo) cuya misión será colaborar con el equipo que tenga el esférico. Cada vez que cualquier elenco, haga un pase al comodín, el resto de sus compañeros comenzarán carreras en diagonal a espacios libres, para que efectúe un pase profundo al jugador mejor ubicado.

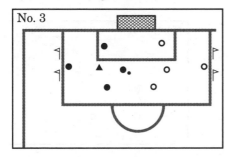

Este pase, seguro muy profundo, tiene mucha semejanza, con los que realiza precisamente un volante de contención. Se recomienda reemplazar constantemente al comodín.

4. Objetivos: adiestrar el pase corto raso y el pase largo alto.

Se sitúan tres jugadores, separados cada uno por 10 ó 12 metros. La acción la inicia el jugador A, que tiene el implemento, y que lo entrega en un pase raso a B que a su vez se la devuelve a ras del suelo. El chico A que otra vez tiene la pelota, mete el empeine debajo de ella, para elevarlo por sobre B y entregarla a C, el cual comienza la misma maniobra con B que ha girado para darle el frente. Todos los pases son de primera intención. Los participantes van cambiando de posición.

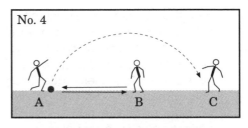

5. Objetivos: adiestramiento del cambio de juego y de la visión periférica. El ejercicio ocupa toda la cancha

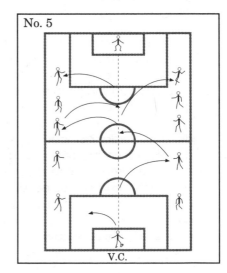

135

de fútbol. El volante de contención (VC) que está en la línea central del campo, avanza con la pelota y hace entregas largas y seguras a columnas de compañeros que están ubicados en los costados, debiendo gritar primero el nombre del receptor, antes de hacer el pase. En esta forma va distribuyendo balones a ambos lados. Al finalizar el recorrido, remata, y otro compañero reinicia el juego.

6. Objetivos: Adiestrar la fuerza-potencia de las piernas.
    El volante de contención salta una valla ubicada a la entrada del área grande, y recibe un centro elevado que le envían desde la derecha o de la izquierda, compañeros situados en la línea de fondo. Después de cada remate, corre a saltar la valla tanto de ida como de regreso. Una variante significativa es aquella en que ubicamos a un defensa para que dificulte su remate.

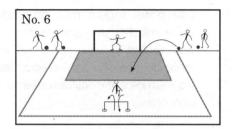

No. 6

7. Objetivos: Adiestramiento de la técnica del juego de cabeza.
    Se ubican tres jugadores en línea, separados por tres metros. En una portería el correspondiente guardián. La acción la inicia el jugador del centro B, quien con las dos manos hace rebotar fuertemente la pelota contra el suelo en dirección a A, quien la recibe de altura y la pasa con un salto a C, para que se

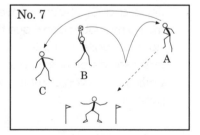

No. 7

la acomode con la cabeza elevándola, y el propio A entra a rematar también con la cabeza.

8. Objetivos: Práctica de pases de cabeza y de remate con salto.
    La misma disposición del juego anterior. C tiene la pelota en sus manos, la eleva un poco para golpearla de cabeza y pasarla a B, quien golpeándola con la frente hacia atrás, habilita a A, y gira para recibir la entrega de este y golpearla nuevamente para C, el cual la eleva para que A entre a finiquitar con un salto. Como en el juego anterior, los participantes van intercambiando todas las posiciones.

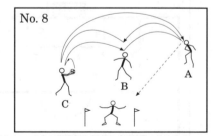

No. 8

136

Ejercicios que sirven para mejorar la madurez táctica de los volantes de contención

Ya hemos señalado antes, que él ó los volantes de contención son figuras de gran sentido táctico en un equipo. No tienen como los *stoppers*, hombres definidos que custodiar. Tampoco tienen la libertad del líbero, que flota, esperando la emergencia para intervenir. Los volantes de contención no tienen otra alternativa que esperar, a los rivales que han subido a atacar. Esperar las contingencias del juego, y de acuerdo con ellas actuar. Y todo eso, en la zona tremendamente crítica que es la entrada del área.

Por eso, en sus entrenamientos, siempre hay que colocarlo en situaciones imprevistas, para que tome la mejor decisión.

1. Objetivos: Perfeccionar sus movimientos delante de dos *stoppers*.
    En la mitad de la cancha, organiza-

mos un bloque defensivo que integrarán un portero, un líbero, dos *stoppers* y delante de ellos un volante de contención, que esperarán fuera del área a grupos de tres atacantes: dos adelantados y uno atrasado apoyándolos. Naturalmente a los más avanzados: D1 y D2, lo amarran de inmediato los respectivos *stoppers*, y al retrasado, lo espera el volante de contención V/C.
Supongamos que D2 que tiene la pelota, se la lleva a velocidad hacia una esquina. ST 1 debe, naturalmente, seguirlo inflexiblemente. El D1 corre al área a recibir la entrega y ST 2 le sigue. Como el peligro está en el flanco derecho, el líbero se desplaza hacia ese sector. Esto quiere decir, que la zona frente al área, ha quedado momentáneamente libre. El V/C no puede que-

darse amarrado a D3. Su misión es cubrir la zona vital en peligro. Entonces lo suelta y corre hacia atrás.

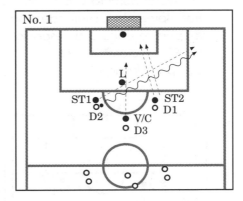

La situación es diferente en el diagrama No. 2. El D1 tiene la pelota y la conduce directamente al área, naturalmente es perseguido por ST 2. Su compañero de ataque D2, en vez de acompañarlo al área, se abre, y es marcado por ST1. D2 no representa peligro en ese instante. El peligro puede proporcionarlo D3 por sorpresa; por eso en su desplazamiento hacia el área es férreamente acompañado por el V/C. Esta vez el hombre que viene de atrás representa un verdadero peligro, porque corre a un espacio libre. En el ejercicio anterior, solo acompañó la jugada.

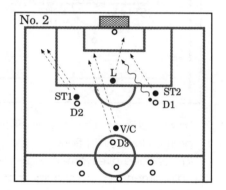

No. 2

3. Objetivos: Repasar movimientos tácticos de los volantes de contención, cuando el equipo actúa con un solo *stopper*.

Utilizamos nuevamente la mitad de la cancha, consecuente con el criterio que los jugadores deben entrenar en las zonas que utilizan cuando juegan.

Organizamos un dispositivo defensivo, integrado por un portero, un líbero, un *stopper* y dos volantes de contención, esquema que es válido cuando el adversario, actúa con un solitario hombre en punta.

D3 con pelota conduce en diagonal hacia el área y naturalmente lo marca el V/C2. A un rival con pelota no se le puede dejar solo. D1, le abre camino y se desplaza hacia la derecha. Como es el rival más ade-

lantado, el *stopper* se ha hecho cargo de él. D2 corre a acompañar a D3, y por lo mismo, V/C1 debe seguirlo con decisión. El L se retrasa un poco, en espera de acontecimientos.

Este movimiento ha sido fácil porque el trío de ataque, no tiene un hombre que lo apoye desde atrás. Sin embargo es un ejercicio básico útil.

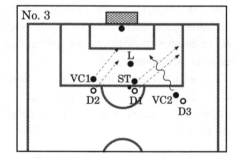

No. 3

FÚTBOL DIRIGIDO

Para reafirmar todos los conceptos de tipo táctico, que hemos practicado con los volantes de contención, nuestra práctica de fútbol dirigido, la realizaremos con bloques completos que actuarán en la mitad de la cancha.

Organizaremos primero un bloque defensivo que integrarán: el portero, el líbero, los zagueros laterales-volantes de ambos lados, dos *stoppers*, un volante de contención y dos volantes de apoyo, todos los cuales, preferentemente, estarán ubicados fuera del área.

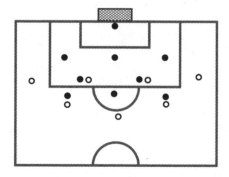

A ese bloque, le oponemos el ofensivo que estará integrado por dos hombres en punta por el centro, tres volantes creativos y dos zagueros laterales.

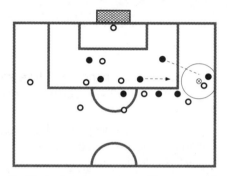

Es fácil observar que están en ventaja numérica, los integrantes del dispositivo defensivo.

Asignamos las siguientes tareas:

A los defensas

- Organización de un sistema mixto, en el que todos sus integrantes concentrarán fuerzas, y sólo habrá marca definida sobre el jugador que en ese instante tenga el esférico.

Todos los integrantes de la estructura defensiva giran hacia el hombre con balón; el que está más cerca lo apremia y le ataca el implemento, mientras el compañero que está cerca suyo le cuida su espalda, por las dudas. A la vez, a la distancia el líbero le hace una diagonal. Si entrega el esférico, se realiza el mismo marcaje sobre el que lo recibió.

Esta fase para dominar la dinámica del trabajo zonal, es fundamental, y debe repetirse muchísimas veces en las prácticas.

Para los atacantes

- Lo más esencial para trizar la concentración de fuerzas de una defensa zonal, es abrir la cancha, mover mucho la pelota y procurarse cambios de juego.

Sobre esas bases hacemos jugar a los dos bandos, pero como es natural les agregamos algunos principios de juego.

Para los defensores: Anticipar cuando sea oportuno, rechazar hacia las orillas, no hacer *fouls* infantiles y sin sentido, y salir jugando hasta la mitad de la cancha.

Para los atacantes: Jugar la pelota sin arriesgarla, darle mucha movilidad, y correr a espacios libres a cada instante para ser habilitados. Además, buscar el remate apenas se acerquen al área.

VUELTA A LA CALMA

Ha sido habitual en nuestras lecciones, recomendar a los entrenadores, conversar con sus pupilos sobre las alternativas del entrenamiento.

- ¿Tenemos en nuestro equipo, jugadores con las características propias de los volantes de contención?
- ¿Cuáles son sus principales tareas? ¿Sólo defender? ¿Procurarle salidas al equipo?
- ¿Cuál es la diferencia entre jugar con un volante de contención y jugar con dos?

En las próximas páginas, les ofreceremos el entrenamiento de los volantes de apoyo, que en el fondo son verdaderos atacantes. Les invitamos a conocer su trayectoria, función y trascendencia.

140

VOLANTES
DE APOYO

INTRODUCCIÓN

Cuando hablamos de volantes de apoyo nos estamos refiriendo en realidad a verdaderos delanteros, genuinamente atacantes, que por las alternativas del fútbol moderno, deben necesariamente asumir funciones defensivas cuando el elenco adversario tiene la pelota. Ellos son los auténticos interiores del sistema clásico, los "insiders" según la definición clásica de la época. Los volantes de apoyo de hoy, son los mismos integrantes de la dupla de avanzada del cuadro mágico de la W.M. Los mismos sacrificados exponentes de la dupla del medio campo del sistema 4-2-4, identificados tan espléndidamente por Didí y Zito en Brasil. Los mismos que en el 4-3-3 se encontraron felices con tanto campo disponible en la zona creativa.

Los centrocampistas siempre fueron los émbolos incansables del fútbol. Ahora, que por criterios tácticos, uno de ellos ha sido vestido con ropaje defensivo y los otros dos, han asumido el trascendente papel que les señala la historia. Los volantes de apoyo son eso, émbolos, ascensores de interminable trajín.

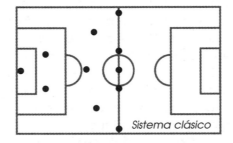

Sistema clásico

Si tuviéramos que otorgar porcentajes de funcionalidad futbolística, los volantes de apoyo serían 75 por ciento ofensivos y 25 por ciento defensivos.

El fútbol ha recibido un fuerte remezón en su estructura general, pese a lo cual, busca mantener el necesario equilibrio entre lo defensivo y lo ofensivo.

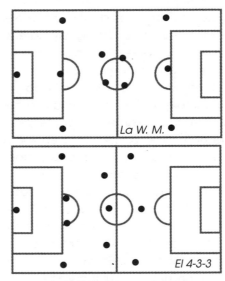

La W. M.

El 4-3-3

Apenas los zagueros laterales abandonaron añejos moldes, para subir al medio campo en su imperiosa necesidad de atacar por los flancos para abrir recargadas defensas rivales, de inmediato surgió una respuesta táctica inconfundible para restablecer el equilibrio en la defensa. Y entonces nacieron los *stoppers*. El criterio fue simple: si alguien se va, otros deben quedarse. Se van hasta arriba los zagueros laterales volantes, deben quedarse, en consecuencia los *stoppers*.

Como hay que cubrir la entrada del área, surgió el centrocampista defensivo, llamado volante de contención, que como hemos señalado en líneas anteriores, manteniendo sus facultades de apoyo, debió aferrarse a situaciones defensivas. Se le quebró las alas a un centrocampista, pero, surgió el equilibrio inmediato, que es precisamente la confirmación ofensiva de los volantes de apoyo. Equilibrio, es la clave. Si analizamos cuidadosamente la historia del fútbol, siempre fue así. Salvo que los técnicos a veces lo olvidaron por aferrarse a planes ultradefensivos.

Los volantes de apoyo representan el resabio de los grandes hombres de construcción de todos los tiempos, que siempre se identificaron con los inconfundibles número 8 y 10 en sus uniformes. Es una identidad histórica que arranca con las raíces mismas del fútbol. Sabemos que el reglamento del fútbol no habla de números definidos en la espalda, no obstante al No. 8 se le identificó siempre como el gran cerebro constructor del medio campo. La Copa del Mundo Italia 90 mostró la valía y trascendencia de esa posición, en las piernas de Gaiscogne de Inglaterra, Francescoli de Uruguay, Valderrama de Colombia, Scifo de Bélgica, etc.

Por otro lado, nadie puede dudar que los números 10 han sido los grandes volantes de llegadas, transformados en auténticos delanteros e identificados con el legendario Pelé, el zurdo genial llamado Ferenc Puskas, el brillante Lothar Matthaeus o el excepcional Maradona.

De los volantes de apoyo, si uno organiza en determinado instante, el otro debe irse arriba, al área. Por lo mismo, ninguno de ellos puede ser absolutamente creador ni tampoco estrictamente hombre de llegada. Los dos, deben ser mucho de ambas cosas, aunque en una, logren mejor especialización que en la otra.

Resabios del pasado. Piezas vitales del fútbol moderno. En el fondo los volantes de apoyo son, los encargados de restablecer el equilibrio ofensivo, porque en el fútbol, por más que cambien los sistemas, goles son amores. Y los goles llegan, sólo cuando se tiene una mentalidad ofensiva.

CUALIDADES ESPECÍFICAS DE LOS VOLANTES DE APOYO

1. Dominantes técnicas o destrezas

| JUEGO DE CABEZA: Defensivo Creativo Ofensivo | DOMINIO TOTAL DEL BALÓN Control absoluto, en todas las destrezas | PASES Cortos Largos Penetrantes Cambios de juego | REMATES Velocidad y precisión en todas las variedades | CONDUCCIÓN Dominio de fintas Conducción Dribles Enganches, etc. |

2. Cualidades físicas dominantes

Velocidad
- En la anticipación, en el retroceso después de un ataque.
- En el ritmo impuesto a las salidas de su equipo, sea las que organice él o que simplemente las acompañe.

- En producir sorpresas en las jugadas de ataque.
- En su desmarcación a espacios libres

Resistencia
- Para poder subir y bajar incesantemente

Fuerza-potencia
- Para ganar las pelotas aéreas de ambas zonas defensivas: la propia y la del rival.

3. *Madurez táctica*

Evidenciada en algunos de estos aspectos:
- Visión periférica.

- Búsqueda de la superioridad numérica.
- Inteligencia para abrir la cancha.

- Inteligencia para hacer correr la pelota, y no tratar de correr con ella.

EJERCICIOS

Algunos ejercicios que pueden servirle de calentamiento

1. Cada jugador con su correspondiente pelota en sus manos, avanza driblando a la manera del baloncesto.
   - Lo mismo, con dos pelotas simultáneamente.
   - Avanza, conduciendo dos balones; uno con la mano, otro con los pies.

2. Repite la acción avanzando libremente con los bordes internos de ambos pies.
   - Avanza, pisa la pelota y cambia de frente.

3. Golpea con ambas manos fuertemente la pelota contra el suelo y corre a dominarla con los muslos, para hacer series de 25 toques seguidos.

4. Golpea la pelota contra el césped, y después de dominarla con la cabeza, sigue haciendo series con la cabeza, busca una pareja para alternar pases de cabeza.

5. Lanza la pelota hacia arriba con uno de sus pies y corre a recibirlo con el pecho. Antes de recibirla hace una finta hacia un lado y la lleva hacia otro.

146

No. 5 No. 6 No. 7

6 Conduce libremente a ritmo suave, apura un poco durante cinco metros y hace un desplazamiento a la máxima velocidad de cinco metros para terminar en una pared y un remate.

7. Sentado con apoyo de manos atrás, domina el esférico con ambos pies, lo lanza fuertemente hacia arriba y corre a recibirlo con la superficie de contacto que mejor lo acomode.

No. 8

8. Salta con los pies juntos sobre la pelota colocada en el suelo, elevando sus rodillas tanto como pueda; estos rebotes son continuados, es decir, no hay pausas entre ellos.

Finaliza estos ejercicios, tomando el esférico y realizando series, alternando golpes de muslos, empeines, cabeza, etc., que ejecuta caminando y desplazándose en todas direcciones.

Ejercicios que sirven para mejorar las destrezas de los volantes de apoyo

1. Objetivos: Perfeccionar la desmarcación
    Utilizamos un escenario de 10 metros de largo y cinco de ancho, dividido en partes iguales por una línea bien visible. En el sector A hay dos bandos de dos jugadores cada uno, que llevan uniformes blancos y negros. En el sector B, con camiseta negra, se encuentra el volante de apoyo, permanentemente marcado por un defensa blanco. A una

No. 1
V.A.
A   B

147

señal del entrenador, se hacen pases los componentes con camisa negra, naturalmente obstaculizados por los blancos. Mientras ellos se hacen pases, el volante de apoyo trata de zafarse de la custodia de su perseguidor, para lograr ser habilitado. Cuando consigue el propósito, su equipo consigue un punto. Si por el contrario los blancos se apoderan del implemento, son ellos los que tratan de habilitar a su compañero del bando B, y en este caso el volante de apoyo (V/A) se transforma en marcador. En una variante muy similar, en el mismo escenario y con los mismos jugadores, esta vez empleamos las

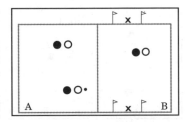

manos. Cada vez que es habilitado un jugador del sector B, debe rematar de cabeza a cualquiera de las porterías ubicadas a ambos lados. Naturalmente puede alternarse, rematar con la cabeza y también con los pies.

2. Objetivos: Perfeccionamiento de todas las destrezas, combinadas con remates.

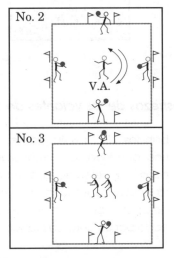

En un cuadrilátero de cinco metros por lado, se ubican en cada lado, cuatro metas con sus correspondientes porteros, que tienen una pelota en sus manos. El V/A en el centro gira primero hacia un lado corriendo, y va recibiendo las entregas de ellos, que debe rematar, según lo vaya indicando el "E": de cabeza, de pierna izquierda o derecha, de volea, controlando primero con el pecho o con el muslo, etc. Es decir, aplicando todas las variedades de remates posibles. El juego se hace en una dirección y después en la opuesta para que practique remates con ambas piernas.

3. Objetivos: Práctica del remate con presión de un rival.

Al mismo juego anterior, le colocamos la importante variante de un marcador, que tratará de impedir la libre acción del V/A. Naturalmente van alternando sus tareas, en las

148

que deberán participar posteriormente otras parejas, para el necesario descanso de los ejecutantes.

4. Objetivos: adiestramiento del salto y del golpe de cabeza.

En un escenario de 10 metros de largo por 5 de ancho, ubicamos en su línea central, una red de volibol con un máximo de altura de 2 metros.

En un sector de la cancha, en sus costados, se sitúan dos jugadores, cada uno con una pelota en sus manos. Uno de ellos la hace rebotar fuertemente contra el suelo, para que alcance la mayor altura posible; en ese instante el V/A recha-

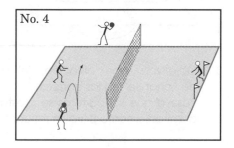

za, se eleva y extendiendo primero el tronco atrás, va en busca del esférico y lo remata a una portería ubicada en el fondo del sector opuesto. Después recibe la habilitación del otro jugador.

Algunas variantes interesantes de este juego son aquellas en que se pide al V/A, estar en diferentes posiciones, antes del rebote del balón; boca abajo, por ejemplo, o sentado, o de rodillas, para obligarlo a un trabajo de reacción.

5. Objetivos: Adiestrar tantas formas de remates, como sea posible.

Utilizamos toda el área grande. Un portero en su meta.

A la entrada del área, el "E" con 8 ó 10 balones. En los costados del área, en ambos lados, auxiliares con muchos balones a su disposición. El "E" envía al V/A un balón a la izquierda y otra a la derecha, que debe rematar de primera intención.

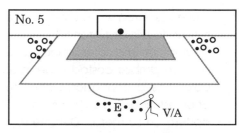

De inmediato recibe un centro de la izquierda y otro de la derecha con lo que culmina cuatro remates seguidos. Este es el ejercicio base, pero las variantes son muchísimas. Los V/A sean los constructores netos o los hombres de llegada deben perfeccionar todo tipo de remates, tanto como los hombres en punta. Variantes del ejercicio anterior son las siguientes modalidades

a) una bola rasa a la izquierda lanzada por el "E", centro de la derecha. Bola a la derecha, centro de la izquierda.

b) dos centros seguidos de cada lado, uno alto y el otro raso y de inmediato seguidilla de tres remates originados por el "E".

149

6. Objetivos: Crearse un espacio y rematar de primera intención.

    Utilizamos el mismo escenario anterior. En ambos costados del área ubicamos a centradores con muchos esféricos a su disposición. El portero en su meta. Delante suyo un defensa (D). Unos cinco metros fuera del área, se sitúan separados por diez metros los V/A a una señal del "E", empiezan a avanzar cruzándose para desorientar al defensa. Cuando van internándose en el área grande aumentan su velocidad, tratando de conseguir un espacio. Los centradores, de uno en uno, organizadamente los habilitan en el instante oportuno con un centro fuerte.

    Todas las jugadas que se gestan en las áreas deben llevar, casi siempre, un máximo de velocidad, porque en ésta se esconde la sorpresa.

    Una variante de este ejercicio sería aquella en que el receptor del centro, si está muy custodiado, deje pasar la bola a su compañero, o bien, lo habilite con un suave toque.

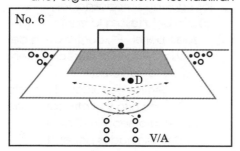

No. 6

7. Objetivos: adiestramiento del tiro con efecto o "chanfle".

    Una acción elemental es aquella en que ubicamos a los jugadores en la línea de fondo de la cancha, debiendo meter la pelota entre el segundo palo respecto a su posición y una banderita pequeña. Como jugador y banderita están en la misma línea de acción, es lógico que deban darle un efecto especial a la pelota.

    Primero utilizan los bordes internos.

    Los zurdos su pierna izquierda, y los derechos, la derecha. Cuando han convertido 15 ó 20 goles cada uno, emplean el borde externo. Cuando practicaban con el borde interno, los zurdos lo hacían del lado derecho. En la práctica del borde externo, se sitúan en su propio lado, porque en este caso un zurdo tendrá que estar obviamente en el lado izquierdo del área. Lo mismo ocurrirá con los que usen la pierna derecha.

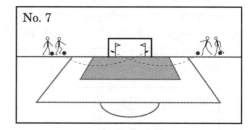

No. 7

8. Objetivos: especialización del tiro de "chanfle" en las barreras.

    Pese a que las barreras se prestan admirablemente para practicar todo tipo de jugadas de laboratorio, si contamos con un buen especialista en el tiro directo, también se obtienen buenos dividendos. Es indispensable contar con una armazón de madera o de latón que simule la presencia de cinco o seis jugadores en la barrera. Generalmente una falta cometida por el rival en el lado izquierdo de su bloque defensivo propicia un buen remate de un especialista zurdo. Lo mismo en el lado contrario. Esta práctica debe ser constante, sostenida. Un buen tiro decide un cote-

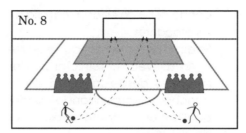

jo. Vale la pena estar una tarde entera tratando de vencer una barrera artificial y portátil, si en el partido del domingo siguiente, un buen "chanfle" otorga los dos puntos al equipo.

Como una fase muy elemental, sugerimos el juego del "billar-fútbol", en el que vemos a dos chicos hacer carambolas con tres pelotas. Es una excelente manera de poner en contacto las superficies externas e internas del pie, para conseguir el toque preciso.

Ejercicios que sirven para complementar la madurez táctica de los volantes de apoyo

Por venir desde atrás los V/A, puede utilizar con mucha frecuencia, los espacios libres que les van dejando los hombres en punta. Por lo mismo, son los que pueden ejecutar por los flancos, los mejores centros. No está de más recordar que en el fútbol moderno el 75 por ciento de los goles que se producen son consecuencia de centros.

El V/A debe ser un maestro, igual que los zagueros laterales, en el arte de hacer centros.

1. Objetivos: encontrar un espacio y ejecutar centros a las zonas vulnerables del portero: la línea del área chica.

    Utilizamos la mitad de la cancha.

    Organizamos un bloque defensi-

vo, compuesto por un portero, un líbero, dos stoppers y un volante de contención que será atacado por dos hombres en punta y un volante de apoyo. Abiertos, también atacarán dos rivales más, que serán custodiados por los respectivos zagueros laterales derecho e izquierdo.

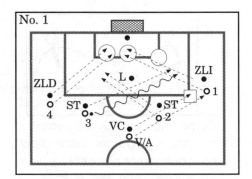

No. 1

El delantero 03 tiene la pelota y se desplaza hacia la derecha. Complementan ese movimiento delantero 01 para arrastrar al ZLI hacia adentro y dejar libre esa zona al V/A. El delantero 02 también corre al área y lo mismo hace el delantero 04. El objetivo es permitir que el V/A eluda la custodia del V C, ocupe el espacio dejado por 01 y realice un centro, preciso a las zonas vulnerables del portero, vale decir los vértices y el centro de las líneas del área pequeña, justamente donde el portero no pueda intervenir, y

donde deberán estar la mayoría de los atacantes.

Este movimiento táctico se repite muchas veces, reiniciando las acciones desde la mitad de la cancha, y reorganizando los bloques defensivo y ofensivos, a cada instante.

2. Objetivos: No correr con la pelota y evitar el drible.

Utilizamos todo el área grande y ponemos dos porterías. Un bando estará integrado por el portero y tres jugadores de campo. El otro equipo estará formado por el portero y cuatro jugadores, uno de los cuales, tendrá características de organizador, precisamente el V/A, y será el único de todos que deberá jugar obligatoriamente de primera intención. Además solo valdrán sus goles, cuando sean hechos desde la mitad de la cancha hacia atrás. El tocar de primera, le facilitará no hacer dribles. Hacer correr la pelo-

ta es una de las virtudes que debe poseer un V/A.

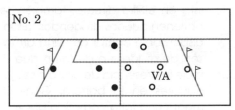

No. 2

3. Objetivos: Permitir al V/A cambiar la dirección del juego.

Otra característica fundamental de los V/A es cambiar de improviso la dirección del balón, es decir, cambiar de juego. Utilizamos la mitad transversal de una cancha de fútbol. Juegan dos equipos de siete jugadores cada uno: portero, tres defensas, un volante y dos hombres en punta.

En este juego, los zagueros laterales estarán avanzando a cada instante, abriendo la cancha, porque el propósito es que el V/A, cada vez que pueda hacerlo, esté cambiando la dirección de la pelota. Recibe de la derecha y cambia a la izquierda. No es obligatoria hacerlo siempre con un pase largo de 30 metros. También se cambia la dirección del balón en terrenos más limitados, con los compañeros más cercanos.

Ya sabemos que el V/A debe, en lo posible hacer correr la pelota, evitando hacer dribles, porque con ello se da velocidad al ataque. Pero, una de sus virtudes, es también el pase vertical, cada vez que la oportunidad se presente.

En este ejercicio, cada vez que el

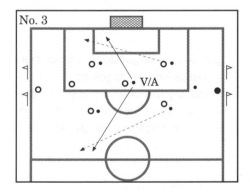

No. 3

V/A cambia de juego avanza hasta el área rival a buscar un espacio, siendo en este caso, los dos defensas y el líbero, los que toman la batuta de la organización.

4. Objetivos: Insistir en el cambio de juego y en el remate. Insistir en el "bloque".

Utilizamos la mitad de la cancha. Juegan dos equipos de nueve jugadores cada uno: un portero, tres defensas, dos volantes y tres delanteros. En este partido usamos cuatro porterías simultáneamente, porque cada bando podrá hacer un gol en la habitual, situada en el fondo de la cancha, y en otra, colocada en un costado.

En esta forma, el equipo con uniforme negro puede convertir en el marco que tiene a su derecha y en el del fondo. Esto obliga a una buena distribución de los jugadores para procurarse cambios de juego a cada instante. Para facilitar la ac-

ción se juega sin fueras de juego. De pronto un equipo va a avanzar hacia el frente y se da cuenta que el marco lateral está desprotegido, realizando entonces el cambio de juego. Esto facilita el remate. Exigimos la formación del bloque defensivo, apenas un bando haya perdido la pelota.

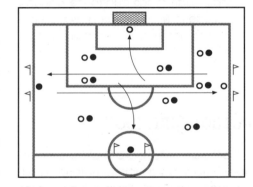

5. Objetivos: Jugar de primera intención en el cuarto de cancha final, especialmente desde el punto de penal hacia adelante.

En una cancha grande y reglamentaria hacemos jugar dos equipos completos, integrados por once jugadores. La finalidad del ejercicio es que cualquiera de los dos equipos que se internen en el cuarto final del campo adversario, debe tratar de jugar de primera intención, único camino para deshacer marcajes rivales y producir sorpresas. Llamamos cuarto de cancha desde la línea del área grande hacia la portería. No es fácil jugar de

primera intención, en zonas donde los marcajes son fuertes y los espacios son mínimos. Aquellos elencos

que lo consiguen generalmente son los ganadores.

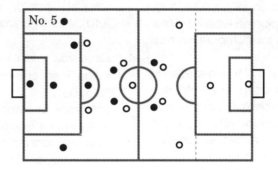

FÚTBOL DIRIGIDO

Como siempre, para finalizar el entrenamiento y para acostumbrarlos a saber leer esquemas, llevamos a nuestros pupilos hasta una pizarra, para indicarles los objetivos que daremos a los dos conjuntos.

En lo defensivo

- En los momentos críticos, barrer el área, por aquello de seguridad ante todo.
- Cada vez que sea posible, salir ju-

gando con seguridad. Jamás perder la pelota en la salida.
- Cada equipo que recupere la pelota, debe ubicar de inmediato al V/A constructor o al de llegada,

para que ellos sean el nexo entre defensa y ataque.

- No dejar centrar a los rivales o procurar por todos los medios reglamentarios, impedir esos centros.
- Cuidar la espalda del portero, cada vez que éste salga a intervenir.
- Formar las barreras en diez segundos. Tanto en los tiros libres, como en los saques de esquina, deben bajar todos los jugadores a defender. En momentos de peligro, no importa que el equipo se quede sin posibilidad de contraataque.

En lo ofensivo

- Apenas su portero tenga el esférico en sus manos, todos los jugadores deben iniciar movimientos para "mostrársele", facilitando un saque rápido y seguro.
- No avanzar simultáneamente los dos zagueros laterales, pero, el que lo haga debe abrir la cancha y convertirse en delantero momentáneo.
- El V/A constructor se convierte en eje y cerebro del equipo. Si un jugador rival, tiene la orden de marcarlo, debe trocar posiciones con el V/A de llegada.
- Al llegar a las inmediaciones del área, todos los atacantes deben mostrar una movilidad continua, tratando de ganar un espacio, al cual el V/A pueda meter una pelota en profundidad. Si no hay movilidad, no habrá espacios –por la misma razón– no habrá pase vertical.
- Rematar tanto como sea posible. Después de cada remate, tanto el que lo hizo, como los atacantes cercanos a la portería debe correr hacia ella, por si es necesario intervenir.

En la práctica misma, el "E" puede perfectamente convertirse en jugador de cualquiera de los equipos por breves minutos, para apoyar ideas y hacer correcciones. Un "E" que no palpita con su entrenamiento, o que se queda arbitrando a la orilla del campo, pierde imagen de quienes con tanta ansiedad quieren aprender tanto.

VUELTA A LA CALMA

El entrenamiento ha sido intenso, pero puede haber dejado algunas dudas o lagunas. Una conversación colectiva, mientras se hace un paseo por la cancha, o por algún sector vecino, puede aclarar muchas dudas.

- ¿Tenemos en el equipo volantes de apoyo clásicos, es decir, un gran cerebro constructor y un hombre de llegada, o debemos hacer un juego, con los dos bajando mucho y los dos subiendo mucho?

- ¿Debe el V/A constructor, salirse frecuentemente del eje longitudinal de la cancha, o debe hacerlo solo, en situaciones de emergencia?
- ¿Cómo podemos mejorar los tiros con efecto?
- ¿Qué es el cambio de frente llamado también cambio de juego?
- ¿Quiénes deben bajar a defender los tiros libres y los saques de esquina? ¿Todos los jugadores o solo algunos?

Invitación

En las líneas siguientes trataremos el entrenamiento de los hombres en punta o puntas de lanza u hombres de área. Es una de las posiciones más difíciles y especializadas del fútbol moderno. Introdúzcase en el tema, en las páginas siguientes.

HOMBRES
EN PUNTA

INTRODUCCIÓN

La evolución de los sistemas ha impuesto dura prueba a los hombres en punta del fútbol moderno. Los ha especializado en tal forma que el ropaje de goleadores que lucen, es distinto al fútbol de hace apenas dos décadas. Le ha cerrado tanto los caminos y les ha puesto tal grado de dificultades, que sus características clásicas han derivado hacia un molde lleno de especializaciones. Por eso, son algo así como la "vedetes" de los elencos y valen su peso en oro.

Generalmente, por tradición, lucían el No. 9 en sus espaldas, y afirmaban su condición de goleadores solo en una o dos virtudes muy estilizadas y especializadas, siendo una de ellas, la de poseer un espléndido golpe de cabeza, o bien, la fineza de un drible consumado.

En las áreas había mucho espacio y los marcajes no eran sostenidos. Era mucho más fácil llegar a las redes de lo que es hoy.

Cuando se fueron cerrando las zonas libres atrás, y aparecieron los bosques de piernas que favorecían a las rígidas persecuciones, las características de los goleadores, lógicamente fueron cambiando. La jugada final, aquella que antecede al gol, dependió de la relación de tiempo y espacio que pudieran encontrar en una fracción de segundo, es decir, se hizo tan veloz que dura apenas lo que demora un parpadeo o un relámpago. Como defender es mucho más fácil que atacar y realizar un remate mucho más complicado que rechazarlo, con el tiempo, fue creciendo una lucha desigual entre atacantes y defensores. Esa fue una de las razones por las que los centrocampistas se convierten en delanteros y los zagueros laterales también.

Este panorama nos hace entender con facilidad, que las opciones o alternativas de remate fueron cada vez más escasas. A veces en todo un cotejo, solo se consiguen dos o tres situaciones claras de gol. Y naturalmente no se pueden desperdiciar.

Alfredo Di Stéfano, el genial jugador argentino que acaparó con el Real Madrid de la década de los cincuenta, todos los títulos disponibles en Europa, fue el gran precursor de los goleadores modernos. El que señaló el camino de la funcionalidad. Intuyó antes que nadie la inutilidad de quedarse mirando el cotejo en las zonas cercanas al área, esperando que alguien lo pusiese en función. Con el No. 9 en sus espaldas, recorría incesantemente toda la cancha, ayudando a su defensa, acarreando balones en el medio campo y desubicando a sus cuidadores hasta llegar a las redes. Su funcionalidad encerraba una gran lección para el futuro. Además, Di Stéfano lucía una variedad sorprendente en sus remates y podía llegar a las redes de cien modos diversos: de cabeza, de chanfle, de "chilena", driblando y hasta con los talones. Fue el primero en demostrar que los goleadores no pueden pertenecer a una sola cuerda. No pueden ser exclusivamente cabeceadores o esencialmente rematadores de media distancia. Deben tener muchas vías de gol, muchos caminos, todos nacidos a la sombra de un aspecto fundamental: "su olfatillo" de goleador. El saber estar donde debe estar en el instante crucial y preciso. A la manera de Paolo Rossi, Gerd Muller, Van Basten, Hugo Sánchez, Lineker, Caniggia, Batistuta, Iván Zamorano o Marcelo Salas.

En lo referente a los goleadores netos, llamados también "hombres en punta", el fútbol muestra una enorme metamorfosis en cuanto a la manera de ponerlos en función. Antes dependían de determinados constructores que conociendo sus características, las explotaban hábilmente. A la sombra de un gran romperedes, siempre estaba, a veces en el anonimato, la presencia, de un gran cerebro organizador. Por eso, grandes equipos profesionales gastaron fortunas en adquirir los servicios de un excelso goleador, que en la nueva tienda no rindió lo esperado ni llegó a las redes, simplemente, porque se habían olvidado de contratar también, al hombre que lo ponía en función.

La respuesta moderna para procurar muchas opciones de gol es jugar por los flancos, ganar el fondo de la cancha y realizar centros, muchos centros inteligentes, tantos centros destructores como sea posible. Centros a las zonas vulnerables de los porteros, no a sus manos ni a las cabezas de los defensas. No es por lo tanto una casualidad, que el 75 por ciento o más, de los goles, del fútbol actual sean consecuencias de centros bien ejecutados. Hacer centros es hoy un arte y una virtud, tal como lo demuestra Gullit, o como los hacía Johan Cruyff.

El centro, como antesala importante para atropellar o conectar de cabeza; pero, los hombres en punta no pueden conformarse con esperar esa oportunidad. Deben crearse muchas más en razón de una movilidad incesante, y deben mostrar, muchos caminos de gol: chispa, creatividad, velocidad, valentía, dribles, voleas, seguridad en el toque, etc., cualidades que se ponen de manifiesto cuando, respaldándolas todas, el artillero lleva en su mente, ese "olfatillo" de goleador, que es la gran diferencia entre lo mediocre y lo sublime.

CUALIDADES ESPECÍFICAS DE LOS HOMBRES EN PUNTA

1. Destrezas o dominantes técnicas

REMATES: *Todas las variedades* *Cabeza arriba* *Media altura* *Voleas* *Punta de pie*	*PASES:* *Cortos bordes internos* *y externos* *Paredes* *Pases como pivot*	*DRIBLES:* *Conducción* *Fintas* *Cambio ritmo y dirección* *Enganches*	*CONTROL* *Todas las variedades* *a gran velocidad.* *Recibir y tocar,* *o irse al área*	*DEFENSA O BLOQUEO* *DEL BALÓN* *Recibir y defender la* *pelota con el cuerpo*

2. Cualidades físicas dominantes

Velocidad
- Un atacante lento es fácilmente controlable.
- Velocidad en los desplazamientos cortos partiendo desde posiciones estáticas.
- Velocidad y reacción, para cambiar de ritmo y frente, o después de una caída.
- Velocidad de ejecución en su máxima expresión, porque todo debe hacerlo ante la presión permanente de rivales que lo asedian.
- Velocidad mental, para elegir la mejor opción en el menor tiempo posible.

Resistencia
- Para mantener el ritmo de velocidad en cada maniobra. En el momento en que aparezca el agotamiento deja de ser un real peligro para la defensa adversaria.

Fuerza-potencia
- Para mantener la lucha física de la marca oponente, para mantener la potencia en los remates y la calidad y precisión de los saltos.

3. Madurez táctica

- Elección del lado débil que muestre el cuidador. Quizá no anticipe bien o no se pare bien. Quizá su retroceso sea lento. ¿Cuál es su lado más vulnerable?

- Llegar de sorpresa a un espacio libre, sin anticipar su maniobra.
- Procurar a cada instante la superioridad numérica contra un defensa.

- Retardar la salida de la defensa enemiga, cuando esta haya ganado la pelota.

4. Cualidades psicológicas

- El hombre en punta es el jugador que recibe más golpes y agresiones de todos los integrantes de su equipo. Debe por lo tanto mostrar una moral a toda prueba, para no reaccionar ante las provocaciones adversarias, que quieren precisamente que se descontrole.
- Debe comprender que sus oportunidades de gol son escasas. Aunque pierda una, su madurez psicológica, debe darle serenidad para esperar con todas sus fuerzas, la opción siguiente. Si pierde su concentración mental y se desmoraliza fácilmente, estará cayendo en la trampa del adversario.
- Valentía y coraje a toda prueba son cualidades que van adheridas a todas las bondades técnicas que muestre. Sin ellas no podrá propiciarse oportunidades de gol y mucho menos, aprovecharlas. Como el caso del portero, el hombre en punta, arriesga su físico a cada instante.

162

EJERCICICOS

Algunos ejercicios que pueden servirle a manera de calentamiento previo

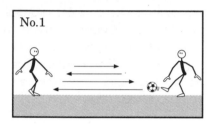

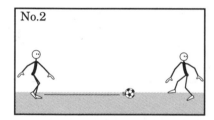

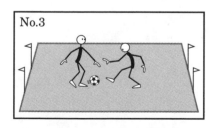

1. Parejas separadas por 10 metros. Se acercan y se alejan haciéndose pases de primera intención con los bordes interno y externo de cada pie.

2. Las parejas se sitúan a cinco metros y se hacen pases de primera intención. Antes de recibir el esférico, cada jugador debe hacer una finta y mirar hacia atrás, para evitar que nadie se la quite.

3. Un jugador avanza con la pelota haciendo dribles y fintas y su compañero retrocede con la técnica de un defensor. Es una acción de uno contra uno que siempre debe terminar en remate.

4. Frente a una portería de emergencia, juegan una pareja contra otra, haciéndose pases con la mano, pero convirtiendo los goles con la cabeza, o como lo indique el "E".

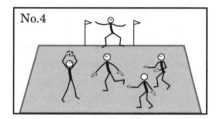

5. Cada jugador con una pelota conduce en el área grande o en el círculo central. No puede chocar con ningún compañero, para lo cual deberá tener una doble visión: sobre el campo donde están ellos, y sobre la pelota, para que no se le escape. El "E" va señalando las diferentes maneras de conducir:
   - Libremente.
   - Pisando la pelota con la planta

del pie y cambiando de frente.

- Sentado sobre ella, a una señal, ponerse de pie y tomar velocidad hacia cualquier lado, llevándola.
- Golpeando con los bordes internos y externo de una sola pierna.
- Cambiar de pierna.
- Avanzar haciendo series. A una orden pisar la pelota contra el suelo, hacer una finta de cuerpo y desplazarse en velocidad.
- Avanzar haciendo todo tipo de fintas y amagues.
- A una orden, pisar la pelota, dejarla en su sitio; seguir corriendo hacia adelante y regresar a buscarla.

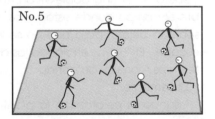

No.5

6. Desde la posición supina, es decir, tendido de espaldas, llevar primero las piernas arriba haciendo "la vela", luego llevar ambas piernas juntas hasta atrás tocando el piso con la punta de los pies, ponerse rápidamente de pie, aprovechando el impulso y rematar varios balones frente al portero.

No.6

7. Desde la posición prono, es decir, boca abajo, el jugador aprisiona una pelota en sus manos. Hace varias extensiones dorsales arqueando el tronco. Cuando haya dominado este movimiento, lanza fuertemente el esférico contra el suelo. Se levanta rápidamente y lo remata de cabeza a la portería.

No.7

Ejercicios que sirven para mejorar las destrezas de los hombres en punta

1. Objetivos: Perfeccionamiento del "reverso".

   El "reverso" es una maniobra en que un jugador corre hacia un compañero, simulando que va a recibir su entrega, pero, de pronto con una finta, cambia de frente bruscamente y retrocede a un espacio para ser habilitado.

   En el ejercicio No. 1, frente a una portería, un hombre en punta, celosamente marcado por un defensor se hace pases continuos con su "E". Sorpresivamente hace un reverso, es habilitado y remata.

2. Objetivos: práctica del "reverso".

   El juego es muy similar al anterior. Esta vez, dos hombres en punta, con sus respectivos cuidadores, intercambian pases con el "E". En un momento determinado, uno de los jugadores, o los dos, realizan el reverso, y el "E" habilita al mejor ubicado. Como es natural, el "E" puede ser reemplazado por un V/A o cualquier jugador del medio campo.

3. Objetivos: práctica del remate de primera intención.

   En un escenario de diez metros de largo por cinco de ancho, se colocan dos porterías con sus correspondientes guardianes. Cada una, tiene una línea paralela a manera de área, en la que no podrá ingresar el hombre en punta (H/P). A una orden, los porteros le envían de uno en uno, pases con muchos grados de dificultad para que sean rematados al primer toque. Un portero lanza arriba, el otro con un pique, o con efecto, o rasa.

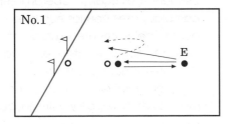

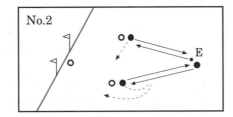

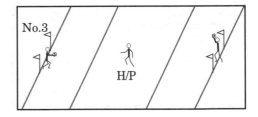

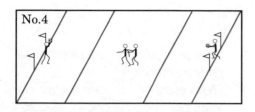

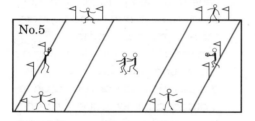

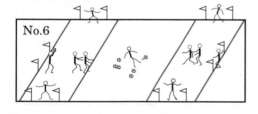

4. Objetivos: práctica del remate con un defensor a presión.

Se trata de la misma disposición y reglamentación anterior, salvo que ahora, permanentemente, un defensor, estorbará su acción, de manera que el H/P estará luchando contra la entrega dificultosa de los porteros y contra su guardián.

5. Objetivos: Rematar de primera intención, en las porterías laterales.

Cambiamos el sentido del juego. Los remates deben hacerse a las porterías que están situadas en los costados de la cancha, de un solo toque y pese a la intervención del cuidador. La habilitación del esférico la hace siempre el respectivo portero.

6. Objetivos: Práctica de reversos y remates de un toque.

La cancha está dividida en tres sectores iguales. En el del centro se encuentra un V/A, que tendrá por misión habilitar al H/P, apenas éste después de un reverso, haya conseguido un mínimo espacio. Antes del reverso se intercambian pases entre ambos. El defensor, naturalmente trata de impedirlo. Los remates pueden ser ejecutados a cualquiera de las tres porterías. Es un ejercicio muy intenso que requiere de frecuentes pausas.

7. Objetivos: Adiestramiento del hombre en punta como jugador pivote. En un escenario muy similar al anterior, sin los arcos portátiles laterales. En el sector central, ubicamos a varios jugadores con su respectivo implemento, los cuales deberán intercambiar pases con los hombres en punta –celosamente custodiados– de cada zona de ataque. Cada V/A intercambia pases, de uno en uno, con el H/P, el cual actúa como pivot, es decir, recibe y entrega, pa-

ra que otro compañero entre a rematar. Después de cada acción interviene otro V/A con el hombre en punta de lado contrario. Cuando pueda hacer el reverso, lo hace.

No.7

8. Objetivos: el pivot habilita a un tercer jugador.

En una cancha del mismo tamaño que las anteriores, se sitúa una portería con su correspondiente guardián. Un H/P marcado por su porfiado defensor a manera de *stopper* es apoyado por tres compañeros. Un líbero atrás está listo para intervenir. Asediado por el *stopper*, el H/P recibe las frecuentes entregas de sus compañeros. De pronto recibe de A por ejemplo, y como un pivot toca para B que debe entrar a rematar. Jugador C también sigue el movimiento.

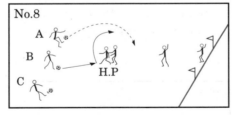

No.8

9. Objetivos: perfeccionar el saber cuidar la pelota, defendiéndola con el cuerpo.

Un H/P tiene el esférico en un espacio limitado y lo defiende de un rival. Cronómetro en mano, el "E" controla el tiempo en que el adversario se lo quita.

Esta misma competencia la hacemos enfrentado al H/P a dos adversarios simultáneamente, y posteriormente en un terreno más amplio enfrentado a tres.

No.9

Ejercicios que sirven para complementar la madurez táctica de los hombres en punta

1. Objetivos: movilidad y remate.

   En el círculo central de la cancha se disponen ocho o diez jugadores, uno de los cuales tiene la pelota. En el centro del círculo un portero. A una señal del "E", todos los jugadores, con o sin balón, intercambian posiciones cruzándose. El que tiene la pelota entrega y también se cruza. Estos cambios son simultáneos. El que recibe el esférico, remata al portero.

2. Objetivos: adiestrar fintas, reversos, cambios de frente, etc..

   En el área grande o en un terreno de dimensiones parecidas se traza una línea, dividiéndola en dos sectores. En el A tres jugadores rodean a un H/P. Lo mismo ocurre en el B. El juego consiste en habilitar al solitario H/P del lado contrario, apenas éste se desmarque y consiga un espacio. Para ello necesita hacer un gran esfuerzo de fintas, reversos, cambios de ritmo y de frente.

3. Objetivos: explotar la zona que deja el líbero.

   Utilizando la entrada del área grande como posición inicial, dos hombres en punta, muy bien custodiados, intercambian balones con un volante de apoyo. En un determinado momento, se cruzan a toda velocidad, buscando un espacio. Cuando uno logra el objetivo, es habilitado. Como el líbero rival, forzosamente debe salir a apoyar a su compañero, deja un espacio (en cuadro) hacia el cual debe correr

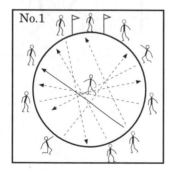

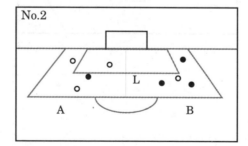

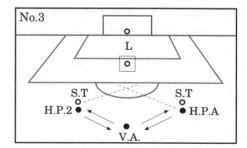

el H/P2 y ser habilitado sin dilación por su compañero con balón.

Naturalmente, estos son movimientos elementales y básicos, para crear conciencia en nuestros hombres en punta, que una de las formas de conseguir espacio es, justamente, ocupando el espacio que dejó el líbero al desplazarse.

4. Objetivos: automatizar a nuestros jugadores en lo que significa "ocupar un espacio".

Utilizamos la conocida figura de un triángulo. Lo forman tres jugadores que denominaremos A, B, C. En el centro un defensa que actuará pa-

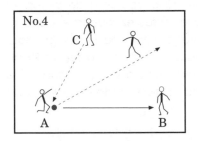

No.4

sivamente. El jugador A entrega a B y se desplaza diagonalmente a una zona cualquiera. Naturalmente, al correr a un nuevo sitio ha dejado libre su zona. A ese espacio llega C velozmente, debiendo ser habilitado al instante por B que está en posesión del balón. Es decir: salió A y C ocupó su espacio.

5. Objetivos: mentalizar el "ocupar el puesto o el espacio", jugando fútbol.

Utilizamos la entrada del área. El bando atacante mueve la pelota, a través de tres H/P y dos V/A. De

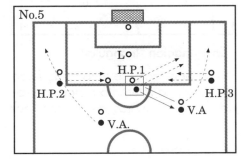

No.5

pronto H/P1 que la recibe de un compañero, la entrega a cualquier V/A y corre hacia la derecha tratando de llevarse su marcador. De inmediato corre a ocupar su espacio, el otro H/P2 que al ser habilitado trata de rematar de primera intención. Por las dudas el restante H/P3, corre a apoyarlo; o se dirige en diagonal al área.

6. Objetivos: abrir caminos al zaguero central.

Ya hemos señalado en páginas anteriores que en un partido no puede darse una misma solución a un determinado problema o a una misma situación. No hay recetas fijas. La improvisación y la creación es lo que caracteriza al fútbol.

En el ejercicio No. 6 estamos poniendo a los H/P en situación de resolver qué hacer cada vez que avance el zaguero lateral de su mismo lado. ¿Abrirle camino tratando de llevarse a su cuidador hacia la línea de cal, para dejarle un espacio? ¿Acercarse a él para apoyarlo? ¿Correr al centro del área a esperar su centro? Hay muchas preguntas que dependen de las circunstancias del juego, y que dependen en gran medida del hecho que ese zaguero avance libremente, sin custodia, o que lo haga estrechamente marcado.

Avanza el ZLD con pelota. H/P1 le abre camino. H/P2 ocupa el lugar del H/P1. Naturalmente avanzan los V/A. Una acción simple que hay que practicar muchas veces por ambos lados.

Repetimos, cien movimientos diversos existen en cada avance, y sería un error automatizar y esquematizar cada uno. Lo que hemos ofrecido, tanto en el entrenamiento de los hombres en punta, como en el de todas las posiciones, son acciones simples y fundamentales, que pueden dar origen a muchísimas culminaciones diferentes, dependiendo del grado de habilidad técnica de los jugadores, de la calidad de los marcadores, del espacio disponible y de la intención táctica del "E" para explotar determinado sector del rival, aparentemente débil.

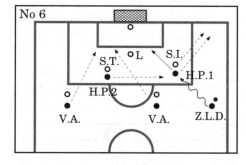

La formación "Triangular"

El amable lector se hará dado cuenta, que en lo referente a acciones de juego, en los rubros de táctica, casi siempre hemos utilizado lo que podríamos llamar "acompañamiento triangular" de los jugadores. Por ejemplo, en el medio campo, uno avanza con el balón y se le acercan dos a formarle un triángulo, y a brindarle naturalmente dos opciones de pases. Ingresa, un jugador hasta la línea de fondo, y de inmediato lo apoyan, uno que se acerca y otro más distante. Esto vale tanto para las jugadas de ataque, como para las acciones de medio campo o en las salidas desde la defensa.

El "acompañamiento triangular" en niños que van adquiriendo madurez táctica es muy útil porque encierra principios de juego fundamentales, como ayudar al que tiene la pelota y brindarle opciones de pases, todo lo cual, a su vez, queda encerrado en el vital capítulo de fútbol llamado "asegurar la pelota, no regalarla al rival". Por la simple vía de triangular, estaremos consiguiendo todos los objetivos.

FÚTBOL DIRIGIDO

Hemos llegado a la parte que los niños esperan ansiosamente: jugar fútbol. Del "E" depende que ello se transforme en un partidillo intrascendente sin ideas y sin planes o por el contrario, los jugadores traten de aplicar las ideas y conceptos enfatizados en el entrenamiento. Una pizarra simple o láminas con esquemas nos sirven para explicar, cuál será la dirección que queremos darle a nuestra práctica.

En lo defensivo

- Seguridad ante todo, es decir, barrer el área en los momentos críticos.
- Rechazar preferentemente hacia las orillas, por alto. Evitar el rechazo a ras del suelo, fácilmente controlable por los rivales.

- No dejar rebotar la pelota en el área, por ningún motivo. Cualquier adversario puede anticiparla y anotar.
- En el aspecto colectivo: retroceso rápido del equipo cuando al atacar se haya perdido la pelota. Los volantes deben bajar rápidamente a cubrir la entrada al área.
- Práctica y perfeccionamiento de las coberturas de los stoppers cada vez que haya avanzado el zaguero lateral de su lado.
- Ejercitación de la cobertura de los stoppers y volante de contención cada vez que haya salido el líbero en plan de emergencia.
- Cuidar la pelota, en las salidas del equipo.

En lo ofensivo

- Utilizar en las salidas las bandas laterales del campo, para abrir la cancha.
- En lo posible tomarse la línea de fondo, para incursionar desde allí en la forma más aconsejable: centro raso y fuerte, centro al vértice opuesto del área chica, remate, entrar driblando al área, etc.
- Énfasis en la tarea de jugar de primer toque, cuando el equipo se vaya acercando al área.
- Buscar inteligentemente el "ocupar el puesto" dejado por un delantero que se ha desplazado.
- Insistir en el remate de distancia.

VUELTA A LA CALMA

El "E" y sus jugadores repasan y analizan aspectos importantes de la práctica, mientras caminan dentro del campo. ¿Qué es más aconsejable cuando se está en las cercanías del área adversaria: jugar lentamente controlando y midiendo cada paso, o hacerlo todo de primer toque para desconcertar al adversario?

- ¿Quedaría suficientemente claro lo que significa "ocupar el puesto"? ¿Quién debe ocupar el puesto: sólo los hombres en punta o cualquier atacante cercano?
- ¿Qué ocurre con los hombres en punta, que se alteran fácilmente cuando los rivales, recurren a artimañas para descontrolarlo y ofuscarlo?

- ¿Es aconsejable mirar antes de centrar, para lanzar la pelota a las zonas vulnerables del portero? ¿Cuáles son éstas?

PALABRAS FINALES

Creemos haber cumplido el propósito ofrecido al iniciar este libro, en el sentido de documentar técnica y tácticamente a la gente adulta que tiene que ver con la formación y construcción del niño futbolista. Este no es un texto para que el niño se entrene a sí mismo, aunque naturalmente a través de su lectura, comprenderá mejor la estructura moderna del popular deporte.

El amable lector habrá apreciado la aguda tarea analítica que hemos realizado en cada una de las posiciones, encontrando además, un verdadero almacén de ejercicios de naturaleza técnica y táctica, para complementar su formación. Hemos ofrecido juegos y ejercicios especializados en cada una de las posiciones habituales del fútbol actual. Sin embargo, no nos cansaremos de insistir respecto de la inconveniencia de especializar a los niños, antes de tiempo. Démosle todo el tiempo necesario para que transite en tantas posiciones o ubicaciones como pueda hacerlo. Así podrá elegir la propia con más seguridad.

Muchos chicos, por ejemplo, han elegido ser porteros, simplemente porque su padre lo fue o porque su astro favorito juega bajo los tres palos. Sin embargo no tienen el biotipo adecuado porque sus padres son de baja estatura y por añadidura, por ser gorditos, no siempre poseen los reflejos que caracterizan a los porteros. Lo mismo acontece con el chico que sabe que los goleadores se cotizan a precio de oro y acaparan los principales elogios. Sueña con convertirse en un Ronaldo, Marcelo Salas y Batistuta, pero, no tiene el olfatillo típico del goleador para llegar a las redes, no domina las dos piernas, factor técnico básico y no tiene velocidad. Imposible ser goleador sin contar con este acopio de virtudes mínimas.

Esos pequeños grandes detalles

A veces, un pequeño futbolista mejora sus destrezas, tan pronto corrige o aprende, aquellos pequeños grandes detalles, que por diversas circunstancias, nadie le enseñó. La esencial importancia de la ubicación de los pies de apoyo y de golpe, por ejemplo. El giro necesario para darle precisión a una volea. El ir a buscar la pelota y no esperarla, en el juego de cabeza. Mil detalles dispersos que los chicos generalmente desconocen. "El entrenamiento del niño futbolista" como lo establecimos desde las primeras páginas, no es un tratado de técnica, pese a lo cual no hemos resistido la tentación de referirnos, cada vez que hemos podido a estos pequeños grandes detalles, que pueden transformar el futuro de un chico futbolista. No se puede mostrar seguridad de pases si no se dominan la utilización del pie de apoyo y pie de golpe. Y sin buenos pases, no hay fútbol, puesto que la pelota es el agente comunicador. No se puede cabecear con justeza y precisión si no conocemos la coordinación columna-cuello-golpe o si no sabemos elevarnos a anticipar el esférico.

Concepción del fútbol actual

Hemos ofrecido orientaciones tácticas simples en cada una de las posiciones analizadas. Nuestra experiencia nos permite afirmar que tan pronto un niño tenga cierto dominio de las destrezas debe ser introducido en fundamentos tácticos. Que no se interprete mal este criterio. Táctica es jugar el fútbol en forma inteligente para hacer buen uso del implemento. Táctica son las ideas que se derivan del tener o no, la pelota. Entregarla y correr a un espacio es una idea táctica, como lo es "jugar sin balón" ayudando a quien la tiene o meter una bola profunda a un compañero que va corriendo en demanda de la portería.

Un niño, de tanto ver partidos en la TV o concurrir con su padre a los estadios, puede imitar los gestos técnicos del popular deporte. Está en situación de copiar e imitar. Pero no está en condiciones de deducir o intuir ideas tácticas. Somos los adultos los que debemos proporcionárselas y si no estamos preparados para hacerlo le haremos un gran daño. Lo defraudaremos. Frustraremos sus sueños.

Concebimos el fútbol como una pirámide sostenida por cinco columnas:

174

FÚTBOL MODERNO

POSESIÓN DE LA PELOTA	RECUPERACIÓN DE LA PELOTA	CREATIVIDAD	MOVILIDAD FUNCIONALIDAD	ASPECTOS PSICOLÓGICOS
- Acción inteligente de quien tiene la pelota. - Acción colectiva de apoyar a quien la tiene. - "Jugar con el balón". - "Mostrarse".	- En lo individual: dominio corporal defensivo. - En lo colectivo: conocimiento del funcionamiento de los sistemas defensivos.	- Capacidad para desdoblarse de defensa en ataque: cambios de ritmo. - Dominio de los principios de juego y fundamentos tácticos ofensivos.	- Capacidad para entender el fútbol como un permanente trueque de posiciones y funciones en razón de una sostenida dinámica.	- Ferviente deseo de "querer triunfar". - Sacrificio-voluntad-constancia. - Disciplina. - Coraje. - Compañerismo. -Espíritu de lucha.

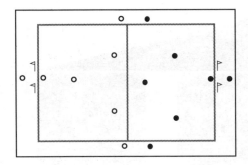

En razón de esta pirámide, muchísimos de nuestros ejercicios se relacionan con la posesión de la pelota que tiene como poderosas aliadas a la creatividad y la movilidad permanente. En un simple juego podemos identificar acciones de las cinco columnas. En un terreno de 25 metros de largo por 15 de ancho, juegan tres jugadores por bando tratando de convertir goles en pequeñas porterías defendidas por su respectivo guardián. Los tres jugadores de campo de cada equipo están apoyados por tres auxiliares: uno detrás de la portería, uno fuera del campo a la derecha y otro fuera del campo a la izquierda, los cuales no se marcan entre sí.

El objetivo general del juego es la POSICIÓN DE LA PELOTA, fase que observamos en la columna primera. Cada vez que los integrantes de un equipo, ante la presión del rival, necesiten asegurar la pelota podrán apoyarse en sus auxiliares fuera del campo.

Podemos establecer reglas simples:

- No valen los goles si cada equipo no se hace primero diez pases entre sí.
- No valen los goles si no han tocado la pelota, tanto los jugadores dentro del campo, como los auxiliares.
- Pasada la mitad de la cancha hay que meter una bola profunda.
- No vale el gol si primero no se hace una pared.

Por supuesto, mientras un equipo tiene la pelota, el rival tratará de recuperarla, presionando insistentemente. Aparece aquí la segunda columna: RECUPERACIÓN DE LA PELOTA. Se subentiende que todos los jugadores han aprendido los fundamentos del dominio corporal.

El hecho de establecer reglas simples que deben cumplirse antes de validar los goles, abre las compuertas de la CREATIVIDAD, básicamente porque en la posesión de la pelota, los jugadores del campo estarán ayudados por "apoyos" o auxiliares.

Ninguna de las tres columnas anteriores podrán ser cumplidas fielmente, si no hay una permanente movilidad de la pelota y de los jugadores corriendo y ocupando espacios libres. Es el respaldo que ofrece la columna MOVILIDAD-FUNCIONALIDAD a la realización del juego.

Finalmente para cumplir todas las exigencias anteriores, la columna de los ASPECTOS PSICOLÓGICOS, otorga el respaldo esencial. Si un equipo en vez de tener mentalidad ganadora la tiene de naturaleza conformista, se mostrará apático, endeble y sin coraje. Si todos sus integrantes no se ayudan entre sí, no constituirán una familia que luche unida.

Hemos retratado en un juego básico, la naturaleza del fútbol moderno, y la formación que debemos darle a nuestros pupilos.

Un chico que a los doce o trece años, domina con facilidad las destrezas del fútbol, está capacitado para interpretar todos los conceptos de este libro. Esta no es una afirmación antojadiza o teórica. Lo hemos comprobado una y cien veces, en forma práctica, a través de muchas escuelas de fútbol que hemos creado en diversas latitudes. Lo estamos comprobando en estos instantes –marzo de 1998– en la Escuela de Fútbol y Ligas Menores del Club Sport Herediano de Costa Rica que dirigimos.

Estamos experimentando permanente lo que escribimos.

La pelota hace el milagro de hacernos felices simultáneamente a quienes ya estamos cargados de años y a los niños que empiezan a aprender los secretos del fútbol. Cuando enseñamos y jugamos, el fútbol obra el milagro de trizar las diferencias de edades, condición social y color de la piel.

El autor

En preparación: "Guía Práctica para los Entrenadores de Ligas Menores."

BIBLIOGRAFÍA

Pila Teleña, Augusto. **La preparación física en el fútbol**. Editorial Augusto Pila T.: Madrid, España. 1990.

FIFA. **Apuntes del programa "Futuro"**. Zurich, Suiza. 1992.

Heddergot, Karl H. **Del aprendizaje a la competencia**. s.e. 1984.

Federación de Fútbol de Chile. **Apuntes de la unidad técnica**. 1990.

Plath, Oreste. **El pressing.** Editorial de Chile: Chile.1986.

LA EDICIÓN, COMPOSICIÓN, DISEÑO E IMPRESIÓN DE ESTA OBRA FUERON REALIZADOS
BAJO LA SUPERVISIÓN DE GRUPO NORIEGA EDITORES
BALDERAS 95, COL. CENTRO. MÉXICO, D.F. C.P. 06040
22064500005508DP9200IE